Wir danken

der Münchener Universitätsgesellschaft e.V.
Gesellschaft von Freunden
und Förderern der Universität München

und

der Bayerischen Landesbank, München

für Ihre freundliche Unterstützung

Herausgeber: Ludwig-Maximilians-Universität, München
Redaktion: Universitätsarchiv München
Grafik-Design: Ulli Holtzem, München
Satz und Lithos: Eder & Poehlmann, Neukeferloh/München
Druck und Bindung: Oldenbourg, München

ISBN 3-926163-11-9

Zum Geleit

Die Ludwig-Maximilians-Universität ist alt. Alt erscheint sie zwar nicht, wenn man sie in Kurzform als Universität München bezeichnet. Denn in der bayerischen Landeshauptstadt finden wir sie erst seit 1826, etwas früher allerdings, als die zweite während des letzten Jahrhunderts in München begründete wissenschaftliche Hochschule, die Technische Hochschule, die seit 1970 den Namen der Technischen Universität München führt. Zu den ältesten deutschen Universitäten aber zählt die Ludwig-Maximilians-Universität, wenn man ihre Geschichte nach den Epochen ihrer drei Standorte verfolgt und ihren Namen interpretiert.

Gegründet wurde sie als elfte deutsche Hochschule 1472 in der vormaligen Residenzstadt Ingolstadt durch Herzog Ludwig den Reichen. 1800 wurde sie von Kurfürst Max IV. Joseph, dem späteren König Maximilian I., nach Landshut, in die ehemalige Residenz- und Hauptstadt Niederbayerns, verlegt. Dort wurde die altbayerische Hochschule 1802 nach den beiden Namen des Erstbegründers und des Neubegründers getauft als Ludwig-Maximilians-Universität, ähnlich wie die Schwesteruniversität Würzburg im fränkischen Neubayern damals zur Julius-Maximilians-Universität wurde.

Der ungewöhnliche Weg der Ludovico Maximilianea an ihren drei Standorten Ingolstadt – Landshut – München wird in dem nun vorliegenden Buch durch Text und Bild lebendig gemacht.

Zur Veröffentlichung dieses lang erwarteten Buches habe ich herzlich zu danken:
der Universitätsgesellschaft; die die Vorarbeiten und den Druck großzügig finanziell förderte; meinem Amtsvorgänger, Altrektor Prof. Dr. Wulf Steinmann, der diesen Bildband noch in seiner Amtszeit angeregt hat; dem Universitätsarchiv, seinem Vorstand Frau Prof. Dr. Laetitia Boehm und ihrem Mitarbeiter Dr. Wolfgang Smolka für deren Engagement bei der Herausgabe des Werkes; den Autoren: Frau Prof. Dr. Laetitia Boehm, den Herren Oberstudiendirektor Dr. Helmut Böhm, Prof. Dr. Rainer A. Müller; Priv.-Doz. Dr. Winfried Müller und Dr. Wolfgang Smolka, die ihre Beiträge bei Verzicht auf jegliches Honorar zur Verfügung stellten; Frau Anke van Kempen für ihren unermüdlichen Einsatz bei der Beschaffung des Bildmaterials; allen Personen und Institutionen, die Bildmaterial zur Verfügung gestellt haben; Herrn Lutz Garnies für seine verlegerische und persönliche tatkräftige Unterstützung bei der Drucklegung des Bandes; der Graphikerin Frau Ulli Holtzem, deren sicheres Gespür für Form und Farbe sich auf jeder Seite findet; und ebenso Herrn Heinz Blei, der textgestalterisch den Bezug zwischen Wort und Bild hergestellt hat.

Ich wünsche mir dieses Buch in viele Hände: In die unserer Studentinnen und Studenten, die sich auf ein Studium in München vorbereiten, und in die ihrer Eltern, die sich ein Bild davon machen wollen, wo ihre Tochter und wo ihr Sohn ihr Wissen zu mehren suchen; in die der Absolventinnen und Absolventen, die ihre Erinnerung an eine hoffentlich erfreuliche Studienzeit zu festigen wünschen; in die aller Mitglieder unserer Hochschule, die in Lehre, Forschung, Krankenversorgung und Verwaltung tätig sind und gerne wissen möchten, für welche geschichtsträchtige Institution sie arbeiten; in die unserer in- und ausländischen Partner und Freunde, die bei uns zu Gast sind oder von Mitgliedern unserer Hochschule besucht werden; in die aller Freunde Münchens, für die die Ludwig-Maximilians-Universität ein wesentlicher Teil der Stadt ist, und schließlich in die all jener, die Freude an einem schönen Buch haben.

Andreas Heldrich
Rektor

A. Heldrich

München,
im Oktober 1995

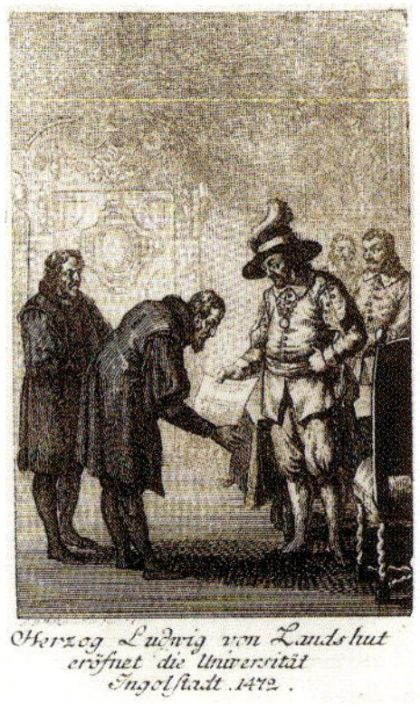
Herzog Ludwig von Landshut
eröffnet die Universität
Ingolstadt 1472.

VNIVERSITAS-
LVDOVIC·MAXIM·
MONA-
CENSIS

Lohn für Gelehrsamkeit und Bildung: Doktorurkunde mit handgemalten Illustrationen aus dem Jahr 1720.

Die „Hohe Schule" Ingolstadt heute.

Vordenker seiner Epoche: der Humanist und Dichter Konrad Celtis (1459 - 1508).

Grabbild des gelehrten Rates Dr. Martin Mair († 1481) in St. Martin, Landshut.

Winfried Müller

Die Universität in der Ingolstädter Epoche 1472-1800

Für Herzog Ludwig IX. den Reichen von Niederbayern-Landshut war der 26. Juni 1472 ein großer Tag. Nachdem bereits im März der Studienbetrieb an der von ihm gestifteten neuen Hohen Schule zu Ingolstadt aufgenommen worden war, fand nun die offizielle Einweihung und Eröffnung „seiner" Universität statt.

Zusammen mit illustren Gästen wohnte der Herzog dem Festakt persönlich bei und verfolgte die Eröffnungsrede des gelehrten Rates Martin Mair, der in geübter Rhetorik das Lob der Geistesbildung anstimmte und den „amor scientiae" beschwor.

Erfolgreich und ambitioniert: der Landesvater als humanistischer Bildungspolitiker (Stich von J.M. Mettenleiter, 18. Jh.).

Großzügigkeit mit politischem Kalkül: der Beginn des „studium generale" in Ingolstadt.

Gründungsakt mit eigenen Interessen: die Strategie des Stifters.

Ludwig den Reichen dürfte freilich nicht nur die Liebe zur Wissenschaft zu der Neugründung veranlaßt haben, sondern auch deren praktischer Nutzen. Die Universität Ingolstadt reiht sich bekanntlich in die sogenannte zweite Gründungswelle der deutschen Universitäten zwischen 1450 und 1550 ein, bei der neben der Wertschätzung der Wissenschaften territorialer Pragmatismus eine tragende Säule der Hochschulpolitik war.

Für die unter dem Dach des Heiligen Römischen Reichs deutscher Nation vereinten, weitgehend autonomen weltlichen und geistlichen Fürstentümer war die Gründung einer eigenen „Landesuniversität" nicht nur Ausdruck von Kultur- und Prestigewillen des Herrschers, sondern auch die Formulierung des Anspruchs auf bildungspolitische Autarkie.

Der frühmoderne Territorialstaat verlangte geschulte Beamte für Staat und Kirche und damit auch eine adäquate Ausbildungsstätte. So hatte Ludwig der Reiche bereits 1459 an Papst Pius II. das Ansuchen um die Privilegierung eines „studium generale" in Ingolstadt gestellt, dem mit dem Stiftungsprivileg vom 7. April 1459 nachgekommen worden war.

Die berühmte Bayern-Karte des Astronomen, Mathematikers und Geographen Philipp Apian zeigt die Region im Überblick.

Zueignung an himmlische Schutzpatrone: das älteste, kleine Siegel der Universität von 1493.

Daß Ingolstadt als Universitätsstandort ausersehen wurde, hatte mehrere Gründe. In politischer Hinsicht ist vor dem Hintergrund der wittelsbachischen Landesteilungen anzumerken, daß mit dem Tod Ludwigs des Bärtigen 1447 dessen Teilherzogtum Bayern-Ingolstadt von Bayern-Landshut vereinnahmt wurde, Ingolstadt damit seinen Rang als Residenzstadt verloren hatte.

Die Gründung einer Universität mochte als Ausgleich für diesen Verlust gedacht sein. Für Ingolstadt sprach aber auch die geographische Lage. Die zum Zeitpunkt der Universitätsgründung annähernd 3000 Einwohner beheimatende Stadt lag zentral und füllte bei guter Anbindung ans Wegenetz ein Vakuum im hochschulleeren bayerisch-fränkisch-schwäbischen Raum. Aufgrund dieses Einzugsgebiets durfte man mit einer guten Studentenfrequenz rechnen, die in der Tat anfänglich bei etwa 800 Studenten lag, um sich bei einem durchschnittlichen Wert von schätzungsweise 300 bis 500 Scholaren einzupendeln.

Schließlich: Ingolstadt bot günstige materielle Ressourcen für die Neugründung, war die Stadt doch von Herzog Ludwig dem Bärtigen 1434 mit zahlreichen Stiftungen ausgestattet worden. Namentlich eine Stiftung für 15 Pfründner, die vorzugsweise für das Seelenheil des Herzog zu beten hatten, spielte bereits früh eine Rolle bei den Überlegungen zur Dotierung der Universität.

Neue Perspektiven und Privilegien für einen alten Herrschersitz.

Der Papst genehmigte denn auch 1465 die Umwidmung der Stiftung auf die künftige Universität; das Pfründnerhaus war bis 1800 ihr Hauptgebäude. 1467 schließlich stellte das Eichstätter Domkapitel ein Kanonikat für die Besoldung eines Theologieprofessors (der zugleich die Pfarre zu Unserer Lieben Frau versah) bereit.

Durch diese und andere Zustiftungen war, wenngleich sich die Umwandlung der Liebfrauenkirche in ein Kollegiatstift mit Professorenpfründen nicht realisieren ließ, die Universität auch schon vor der 1524 erfolgten Inkorporation der Moritzpfarre auf ein solides finanzielles Fundament gestellt; mit den jährlich aus den Dotierungen fließenden Rentenerträgen von ca. 2500 fl. zählte sie zu den reichsten Universitäten Deutschlands.

Die Universität als Wirtschaftsfaktor: Reichsguldiner zu 72 Kreuzern (oben) und zu 36 Kreuzern (unten), beide 1557 unter Herzog Albrecht V. in Bayern geprägt.

Heutige Nord-Westfassade der Liebfrauenkirche (15. Jh.).

Frühe Strukturen für Organisation und Verwaltung.

Nach einer langen, durch widrige äußere Umstände belasteten Vorbereitungsphase nahm die Ingolstädter Universität am 3. März 1472, also schon einige Monate vor dem eingangs erwähnten Festakt, ihren Vorlesungsbetrieb auf.

Organisatorische Grundlage war der in fünf Redaktionen vorliegende herzogliche Stiftungsbrief von 1472, der an die im Mittelalter - als Schutzeinung von Magistern und Scholaren - gewachsene Universitätsstruktur anknüpfte.

So adaptierte man, nachdem das ursprüngliche Konzept der Konstituierung einer „universitas doctorum et studentium“ mit Gliederung in „nationes“, also Landsmannschaften, rasch fallengelassen worden war, formal das über Wien tradierte Pariser Universitätsmodell mit seiner Gliederung in vier „facultates“ und Rektoratsverfassung. Und in Anknüpfung daran hatte die Universität Ingolstadt auch einen Kanzler als geistliche Aufsichtsinstanz - ein Amt, das während der gesamten Ingolstädter Epoche dem Bischof von Eichstätt als dem zuständigen Diözesanbischof zufiel, der es regelmäßig an ein Mitglied der Theologischen Fakultät, den Prokanzler, delegierte.

Frömmigkeit und Bildungsstreben: Stifterblatt im ältesten Matrikelbuch von 1472 mit Herzog Ludwig dem Reichen (links) und Mendel von Steinfels, dem ersten Rektor der neu gegründeten Universität.

Die Wahlen zu den Universitätsämtern waren interne Angelegenheiten: Darstellung im Matrikelbuch, um 1590.

Älteste erhaltene Siegel der Juristischen (oben) und der Medizinischen (mitte/unten) Fakultät.

Finanzielle Selbstverwaltung: die Kasse der Artistenfakultät.

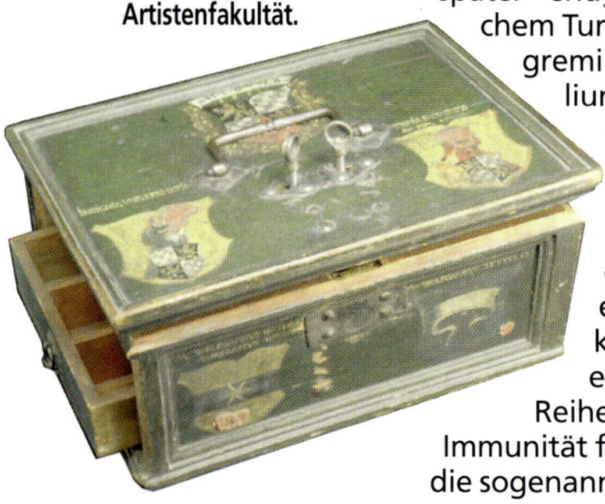

In Ingolstadt konstituierte sich somit die dem propädeutischen Studium der „artes liberales" dienende Artistenfakultät, die spätere Philosophische Fakultät, deren Besuch erst zum Studium an den drei höheren Fakultäten der Theologie, Jurisprudenz und Medizin berechtigte; jeder Fakultät stand ein Dekan vor. An der Spitze der Universität stand der Rektor, der in halbjährlichem, später - endgültig erst seit 1702 - jährlichem Turnus gewählt wurde. Wahlgremium war zunächst das „consilium generale", ursprünglich eine Versammlung der Gesamtuniversität, das sich bereits im frühen 16. Jahrhundert auf ein Ordinariengremium, den Senat, verengte. Als Ausdruck ihrer korporativen Sonderstellung eigneten der Universität eine Reihe von Privilegien. Steuerliche Immunität für ihre Angehörigen und die sogenannten „Universitätsverwandten" wie Buchdrucker und Apotheker, eigene akademische Gerichtsbarkeit für ihre - durch den Eintrag in die Matrikel als solche ausgewiesenen - Mitglieder sowie das Recht zur Siegelführung sind hier zu nennen, vor allem aber das sich bereits in den Statuten von 1472 niederschlagende Satzungsrecht, das Selbstergänzungsrecht sowie das Recht zur Selbstverwaltung in den Gremien der Fakultäten bzw. der Gesamtuniversität.

Besondere Hervorhebung verdient schließlich die Vermögensselbstverwaltung, die ursprünglich dem Rektor oblegen hatte, jedoch schon 1473 auf den Kämmerer, dem mit dem Kammerkonzil eine eigene Kontrollinstanz beigeordnet war, überging. Als die vermögensrechtliche Autonomie vor dem Hintergrund finanzieller Engpässe, die der Universität zur Last gelegt wurden, 1676 von der Hofkammer aufgesogen wurde, bedeutete dies einen merklichen Einschnitt in die universitären Freiheiten.

Im Spannungsfeld von innerer Freiheit und landesherrlicher Aufsicht.

So sehr diese Aushöhlung korporativer Rechte ein Spezifikum des ausgehenden 17. und vor allem des 18. Jahrhunderts war, so war sie in nuce von Anfang an in dem dem Charakter der Stiftungsuniversität immanenten Spannungsfeld von korporativer Autonomie und landesherrlichem Aufsichts- und Reglementierungswillen angelegt. Als herzogliche Gründung war die Universität nun einmal der obersten Regierungsgewalt des Landesherrn zugeordnet und somit in ihren korporativen Freiheiten eingeschränkt.

Grundlage für Treueide auf Fürst und Universität: das Schwurblatt im Matrikelbuch von 1472.

Zu verweisen ist unter anderem auf das vom Landesherrn ausbedungene Bestätigungsrecht für die Statuten, der von Studenten und Professoren zu leistende Treueid auf den Landesherrn sowie Mitsprache in Berufungsangelegenheiten. Auf der anderen Seite trugen die wittelsbachischen Landesherren aber auch stets das ihre zu Prosperität und Funktionstüchtigkeit der Hochschule bei.

Erwähnt sei in diesem Zusammenhang nur die Gründung eines Stipendiatenkollegs - das noch heute der Universität inkorporierte Georgianum - für zunächst elf bedürftige Theologiestudenten durch Herzog Georg den Reichen 1494. Nicht zuletzt, und damit ist der Lehrbetrieb angesprochen, äußerte sich das landesherrliche Patronat über die Universität auch in einer wiederholt wahrgenommenen Schlichterfunktion, als es etwa darum ging, die bereits im Gründungsjahr aufgetretenen und in die vorübergehende Spaltung der Artistenfakultät einmündenden philosophischen Richtungsstreitigkeiten zwischen „via antiqua" und „via moderna", zwischen Realismus und Nominalismus, beizulegen.

So versuchte beispielsweise Albrecht IV. mit der „nova ordinatio" von 1507 eine im paritätischen Sinne exakte Klärung des Verhältnisses beider „Wege". Landesherrliche Mitsprache, unter Herzog Wilhelm IV. in der Person des herzoglichen Rates und Kanzlers Leonhard von Eck personifiziert, spielte schließlich nicht zuletzt bei der institutionellen Verankerung der neuen humanistischen Disziplinen eine gewichtige Rolle.

Unterstützung für arme Studenten: das Georgianum in der Hohenschulstraße.

Intervention zugunsten des Humanismus: Herzog Wilhelm IV. (1511 - 1550).

Leonhard von Eck (1480 - 1550) wurde 1519 bayerischer Kanzler.

Freies Feld für den Humanismus.

Aus dem Matrikelbuch: Schmuckblatt zur Rektorwahl des Johannes Ernst Freiherr von Fugger im Oktober 1602.

Die Anfänge einer den „studia humanitatis" gewidmeten Lektur - sozusagen Indikator für die kulturelle Aufgeschlossenheit einer Universität, abgesehen davon, daß sich diese bei öffentlichen Anlässen gerne der rhetorisch-poetischen Qualitäten ihres Humanisten versicherte - reichen zurück ins Jahr 1477.

Seinerzeit wurde dem Mediziner Erhard Windsberger vom Herzog bewilligt, zusätzlich zu seinen medizinischen Vorlesungen „poetrej" zu lesen. Die eigentliche Anerkennung der humanistischen Studien ist dann mit den Namen Konrad Celtis und Jakob Locher, beide übrigens mit dem kaiserlichen „poeta laureatus"-Titel ausgezeichnet, verbunden.

Während ersterer nur relativ kurz (1492-1497) in Ingolstadt lehrte, war Locher - mit Unterbrechungen - von 1498 bis 1528 an der bayerischen Landesuniversität tätig. Beiden war ein nicht eben geringes Selbst- und Sendungsbewußtsein zu eigen, und namentlich Locher lieferte sich mit dem einer „barbarischen" Sprache und einer verzopften scholastischen Theologie bezichtigten Gregor Zingel harte Auseinandersetzungen.

Entscheidung gegen die Reformation.

Derlei Kontroversen wurden freilich alsbald obsolet und überwölbt von den Ereignissen der Reformation. Wenn sich gerade die Ingolstädter Universität dabei als Antipode Wittenbergs profilierte, so war dies wesentlich auf die Tatsache zurückzuführen, daß mit Johann Eck der theologische Hauptgegner Martin Luthers in Ingolstadt lehrte.

Bereits früh die Sprengkraft der lutherischen Lehre für die hergebrachte Kirchenordnung erkennend, legte es Eck darauf an, den theologischen Kontrahenten auf der Leipziger Disputation von 1519 auf häretische Positionen festzulegen und in dem in Rom bereits angelaufenen Prozeß gegen Luther dessen Verurteilung zu erreichen. Nicht frei von persönlichem Ehrgeiz reiste Eck selbst 1520 nach Rom, wo er an der Abfassung der Bannandrohungsbulle „Exsurge Domini" maßgeblich beteiligt war, um deren Publikation in Deutschland er sich anschließend bemühte. Bis zu seinem Tod war Eck, der im übrigen Mißstände in der alten Kirche durchaus erkannte und beseitigen wollte, mit Wort und Tat in der Bekämpfung der reformatorischen Lehre aktiv.

Das Primat der Theologie erweist sich in stürmischen Diskussionen (Ausschnitt aus der Rückseite des Hochaltars im Liebfrauenmünster Ingolstadt „Disputation der Hl. Katharina", 1572).

Dichter mit pädagogischen Interessen: Jakob Locher, genannt Philomusus (1471 - 1528).

Daß sich, namentlich nach der Festlegung der bayerischen Herzöge auf eine konsequent antireformatorische Politik zu Beginn der 20er Jahre, die Universität Ingolstadt zu einer Bastion der alten Kirche entwickelte, blieb für den Lehrbetrieb und die mit der neuen Lehre sympathisierenden Gelehrten nicht folgenlos.

Johann Eck (1486 - 1543), ab 1510 Professor für Theologie in Ingolstadt, war Hauptgegner der Reformation.

Neue Gedanken im Kampf mit der hergebrachten Ordnung.

Der Theologe Arsacius Seehofer und der mit seinem „New Kreuterbuch" zu Ruhm gelangende Arzt und Botaniker Leonhart Fuchs mußten Ingolstadt verlassen und gingen nach Wittenberg bzw. Tübingen, der berühmte Historiograph Johannes Aventinus, der 1507 an der Ingolstädter Universität Privatvorlesungen gehalten hatte, wurde 1528 vorübergehend festgesetzt und zog sich anschließend nach Regensburg zurück.

Johannes Aventinus (1477 - 1534).

Gänzlich aus dem Rahmen fiel der Lebensweg des von Johann Eck promovierten Theologen Balthasar Hubmaier, der sich den Wiedertäufern zuwandte und 1528 in Wien hingerichtet wurde. Umgekehrt war Ingolstadt im Verlaufe des 16. Jahrhunderts immer wieder Anlaufstelle für jene, die aus Glaubensgründen ihre Heimat verlassen hatten. Der engliche Exilant Robert Turner, Regens des Georgianums und 1584/85 Rektor, sei hier genannt, oder nach vorübergehender Hinwendung zur reformatorischen Lehre zum alten Glauben zurückgekehrte Professoren wie Veit Amerbach, Rudolf Clenck, Martin Eisengrein und Friedrich Staphylus.

Rückkehr in den Schoß der alten Kirche: Epitaph des Martin Eisengrein in der Liebfrauenkirche.

Deren Lehrtätigkeit fiel bereits in die Phase nach dem Tod Johann Ecks (1543), die für die Ingolstädter Universität in mehrerlei Hinsicht krisenhafte Symptome aufwies. Zunächst einmal waren die äußeren Umstände ungünstig. Die Pest zwang die Hohe Schule kurzzeitig ins Kelheimer Exil, der Doppelcharakter Ingolstadts als Universitäts- und Festungsstadt schlug 1546 im Zuge des Schmalkaldischen Krieges nachteilig auf die sich abermals zerstreuende Universität durch - nicht zum letzten Mal, wie im Vorgriff auf die schwedische Belagerung Ingolstadts 1632 während des 30jährigen Krieges anzumerken ist. Vor allem aber war die Theologische Fakultät nach 1543 durch akute personelle Defizite in ihrer Existenz gefährdet.

Leonhart Fuchs (1501-1566), der „Vater der Botanik" in Deutschland, verließ Ingolstadt aus Glaubensgründen. Nach ihm wurde später die Fuchsie benannt.

Dies war um so mißlicher, als die bayerischen Herzöge an der Katholizität ihres Landes festgehalten hatten und für die Festigung des alten Glaubens auf eine funktionierende und fundierte Klerikerbildung angewiesen waren. Die Universität als das „kostbarste Kleinod des Landes" mußte aus der Krise geführt und für ihre neuen Aufgaben gerüstet werden.

Triumph der katholischen Reform: Die Jesuiten kommen nach Bayern.

Herzog Wilhelm IV. sah sich somit zu intensiven Bemühungen um eine Reform der Landesuniversität, insbesondere des theologischen Studiums veranlaßt, die in Verhandlungen mit dem Jesuitenorden zwecks Entsendung einiger Theologen nach Ingolstadt einmündeten.

Erstmals wurden damit an einer deutschen Universität Lehrstühle mit Jesuiten besetzt, und die jesuitische Lehrtätigkeit in Ingolstadt leitete die Entwicklung der Societas Jesu zu dem Lehrorden der Gegenreformation eigentlich erst ein - mit dem Ergebnis, daß 1648 an 17 der 18 katholischen Universitäten des alten Reiches jesuitische Professoren tätig waren.

Allegorische Darstellung auf dem Frontispiz zum „Cursus Physici" des Jesuitengelehrten Christoph Scheiner (frühes 17. Jh.).

Am 13. November 1549 trafen - versehen mit einer Instruktion ihres Ordensgründers Ignatius von Loyola - mit Petrus Canisius, Claudius Jajus und Alfons Salmeron die ersten drei Patres der Gesellschaft Jesu in Ingolstadt ein; am 16. November hielt Canisius als der bedeutendste Vertreter der Societas Jesu in der ersten Phase ihres Ingolstädter Wirkens seine Antrittsvorlesung. Diesem Vorgang kam ein weit über den Rahmen der bayerischen Landesuniversität hinausweisender, epochaler Rang zu.

Die Universität Ingolstadt wird Ausgangsbasis für die Entwicklung der Jesuiten zum Lehrorden der Gegenreformation.

Der niederländische Jesuit, Petrus Canisius (1521 - 1597), setzte Akzente bei der Reform der Universität Ingolstadt.

Die weitere Entwicklung der Societas Jesu in Ingolstadt.

Der Aufstieg der Jesuiten vollzog sich in Ingolstadt nicht ohne Brüche. 1552 verließen sie die Stadt noch einmal, da sich der Bau eines Kollegs verzögert hatte, Herzog Wilhelm V. holte sie jedoch aufgrund unverkennbarer Mängel bei der Klerikerausbildung rasch zurück - unter der Zusicherung, ein Kolleg zu errichten. Die Jesuiten verpflichteten sich dafür zur unentgeltlichen Stellung zweier Theologieprofessoren, von denen einer Dogmatik, der andere Moraltheologie las. Von der späteren Gründung eines ebenfalls der Societas Jesu zufallenden Lehrstuhls für scholastische Theologie abgesehen, blieb es dabei bis zur Ordensaufhebung 1773. Neben den Jesuiten gehörten der theologischen Fakultät stets zwei Weltgeistliche an, die die Stadtpfarreien zu Unserer Lieben Frau und zu St. Moritz versahen und von denen einer als Prokanzler fungierte.

Der Bau eines Jesuitenkollegs in Ingolstadt war ein Markstein der katholischen Reform in Bayern.

IN NOMINE SANCTÆ
ET INDIVIDVÆ TRINITATIS
PATRIS ET FILII ET SPIRITVS
SANCTI AMEN
NOS GVILHELMVS, DEI GRATIA, COMES PA...

Mit der vierten Stiftungsurkunde vom 29. September 1590 übereignete Herzog Wilhelm V. den Ingolstädter Jesuiten weitere Güter.

Der jesuitische Lehrplan prägt das Lehrangebot in der Artisten- und Theologischen Fakultät.

Während die Jesuiten in der theologischen Fakultät lediglich die Majorität hatten, konnten sie die Lehrkanzeln in der Artistenfakultät ganz an sich ziehen. Ausgangspunkt war ein in den 20er Jahren des 16. Jahrhunderts einsetzender Rückgang der Hörer und Promovenden, der einer Rekrutierung des Nachwuchses aus den eigenen Reihen enge Grenzen setzte und zu personellen Engpässen führte, so daß sich die Jesuiten 1558 erboten, einen Philosophen zu stellen.

1561 wurde der Societas Jesu vom Herzog die Logiklektur übertragen, 1564 noch jene für Physik. 1570 erhielt sie schließlich noch einen dritten Lehrstuhl, der es ihr erlaubte, einen vollständigen dreijährigen Kurs, wie er in den Ordenskonstitutionen vorgesehen war, abzuhalten. Für die Artistenfakultät bahnte sich mit dieser Zweigleisigkeit von jesuitischem und weltlichem philosophischem Kurs die bittere Entwicklung an, daß letzterer allmählich ausgetrocknet wurde. 1585 wurden die noch verbliebenen drei weltlichen Artisten entlassen, am 27. Januar 1588 bestätigte der Herzog der Societas Jesu förmlich, daß „sy die Patres allain und niemandts anders" auf „ewige Zeiten" die Professoren zu stellen hatten. Die alte Artistenfakultät war damit endgültig im jesuitischen Kurs aufgegangen.

Zu erwähnen bleibt schließlich noch, daß die Jesuiten 1675 noch den in der Juristischen Fakultät angesiedelten kirchenrechtlichen Lehrstuhl zugesprochen bekamen - sehr zur Verärgerung übrigens der Ingolstädter Juristen.

Bildgewordene Impression aus dem Studentenleben: „Das Ständchen" - Darstellung auf einem Stammbuchblatt.

„Das goldene Schiff" - großzügiges Geschenk eines ehemaligen Studenten. Den Prunkpokal stiftete Erzherzog Ferdinand von Österreich, der spätere deutsche Kaiser (Ende 16. Jh.).

Staatliche Kontrolle und konfessionelle Bindung.

Die landesherrliche Protektion der Societas Jesu war der eine wesentliche Aspekt der Indienstnahme der Universität für die katholische Reform. Der andere war, daß sie energischer als zuvor unter staatliche Kuratel gestellt wurde. Symptomatisch hierfür ist die erstmals 1560 erfolgte Einsetzung eines landesherrlichen Superintendenten, sozusagen ein herzoglicher Universitätsinspektor; das Amt konnte sich freilich nicht so recht etablieren, ehe es im 18. Jahrhundert mit dem Universitätsdirektorat in modifizierter Form wieder auflebte.

Schließlich bleibt noch zu erwähnen, daß im Zeichen zunehmender konfessioneller Abschließung in Ingolstadt wie auch an anderen katholischen Universitäten Promovenden und Professoren den Eid auf das Tridentinische Glaubensbekenntnis zu schwören hatten.

Der den Eid verweigernde, durch seine Landkarte von Bayern berühmte Mathematiker und Kartograph Philipp Apian mußte aus Ingolstadt weichen.

Vertreibung als Strafe für Verweigerung: der Geograph Philipp Apian.

Christoph Scheiner (1575 - 1650), Physiker, Astronom und Professor der Mathematik in Ingolstadt.

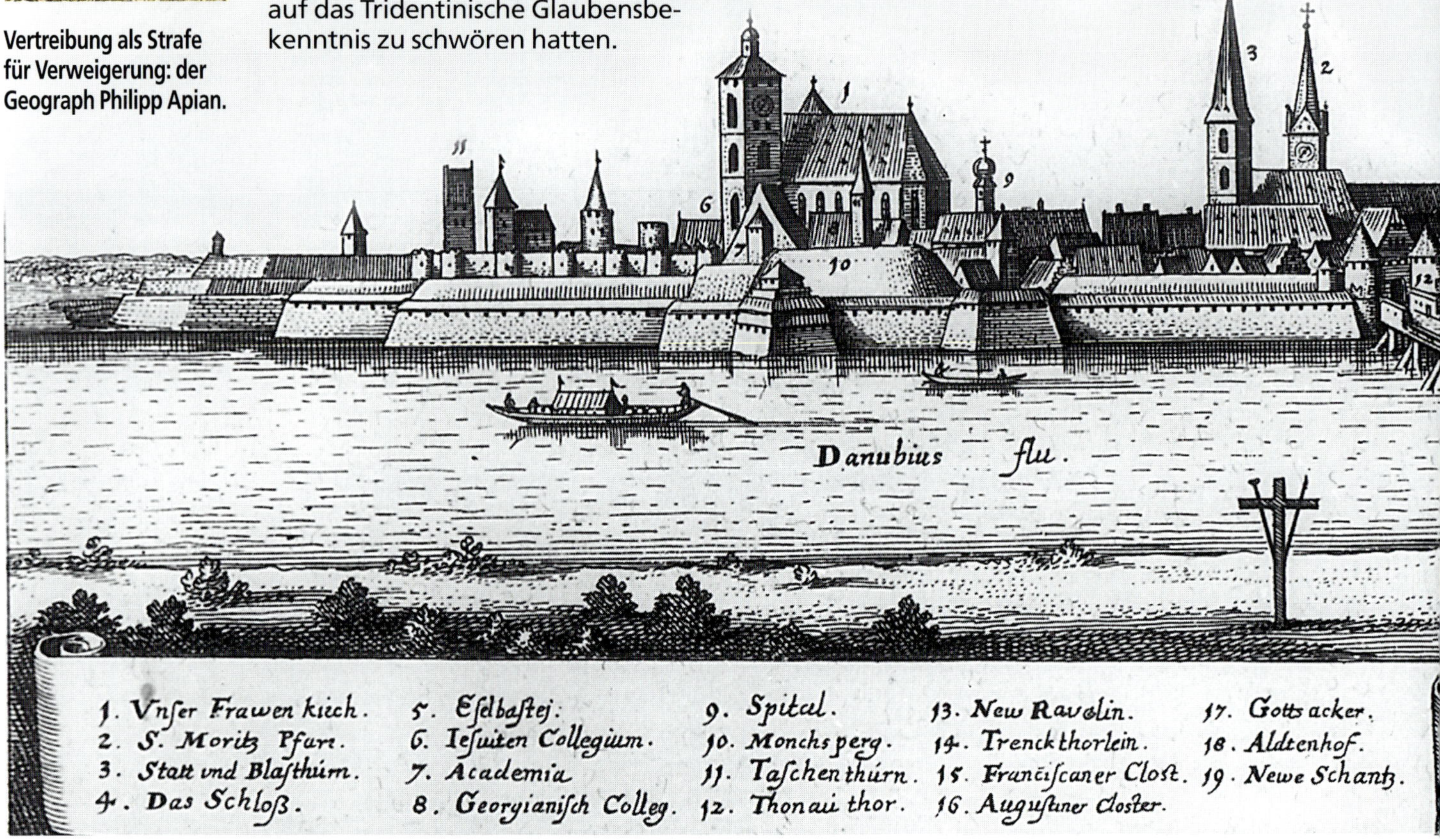

Höhepunkte jesuitischer Lehrtätigkeit.

Dieses Maßnahmenbündel und die im Zusammenspiel mit dem Landesherrn entfaltete Dynamik des Jesuitenordens wurden innerhalb der Universität nicht nur geschätzt. Namentlich Juristen und Mediziner, in den propädeutischen philosophischen Studien nunmehr auf den jesuitischen Kurs verwiesen, wehrten sich teils vehement.

Ungeachtet manch frühen antijesuitischen Ressentiments ist indes anzuerkennen, daß der Jesuitenorden vielfach vorzügliche Gelehrte an die Ingolstädter Universität entsandte. Mit dem aus Kastilien stammenden Gregor de Valencia, der 1575 bis 1592 der Theologischen Fakultät angehörte, und Jakob Gretser, der seit 1588 über mehrere Jahrzehnte in Ingolstadt lehrte und sich auch als Philologe, Historiker und Dramatiker einen Namen machte, gehörten der Universität zwei der bedeutendsten katholischen Theologen des 16. Jahrhunderts an.

Mitentdecker der Sonnenflecken: Johann Baptist Cysat, der auf Grundlage seiner Forschungen gemeinsam mit Christoph Scheiner die Rotationszeit der Sonne berechnete.

Für das frühe 17. Jahrhundert ist als weiterer, kaum minder bedeutender Vertreter der jesuitischen Spätscholastik der durch sein skeptisches Urteil gegenüber den Hexenprozessen auffallende Adam Tanner zu nennen. Christoph Scheiner trat mit bahnbrechenden Arbeiten zur Optik hervor, entdeckte 1611 in Ingolstadt zusammen mit Johann Baptist Cysat die Sonnenflecken und kann so beanspruchen, „als einziger Naturwissenschaftler der Universität Ingolstadt in der europäischen Wissenschaftsentwicklung" genannt zu werden (A. Kraus).

Pluspunkte für die Universität: Der Jesuitenorden entsendet erstklassige Gelehrte, die durch bahnbrechende Forschungen und Entdeckungen hervortreten.

Überregionale Bedeutung erlangte die Ingolstädter Juristenfakultät, die die Krise des 16. Jahrhunderts unbeschadet überstanden hatte und deren Aktivitäten sich nicht nur auf Vorlesungen und Disputationen beschränkten. In komplizierten Rechtsfällen war sie ein von auswärtigen Gerichten und Streitparteien gefragtes Spruchkollegium.

Dieses Renommee wurde von den bayerischen Herzögen mittels einer gezielten - und kostspieligen - Berufungspolitik bewußt gepflegt, indem angesehene Rechtsgelehrte aus Italien und den katholischen Niederlanden nach Ingolstadt geholt wurden. Im 16. Jahrhundert stehen für diese Entwicklung die aus Herzogenbusch und Florenz stammenden Zivilrechtler Ossanaeus und Romuleus, 1587 wurde der gleichfalls Zivilrecht lesende Andreas Fachinäus aus Italien berufen, 1590 der niederländische Zivilrechtler Hubert Giphanius. Gleich in mehreren Generationen lehrte die niederländische Professorendynastie der Everhards in Ingolstadt.

Dazu kamen bedeutende Gelehrte aus dem deutschsprachigen Raum, die den guten Ruf der Ingolstädter Juristenfakultät festigten: der seit 1636 in Ingolstadt lehrende Staatsrechtler Christoph Besold, der fast gleichzeitig berufene Kaspar Manz, später dann der durch umfangreiche rechtshistorische Gutachtertätigkeit zu Ansehen gelangte Christoph von Chlingensperg.

Insignien der Bildungsmacht: Ingolstädter Fakultäts-Szepter aus dem 17. Jh.

Botanischer Garten, dahinter das 1723-1725 erbaute Theater der Anatomie auf einem zeitgenössischen Kupferstich.

Grundstein für die Anatomie - moderne Impulse in der Medizin.

Weniger Glanz ging von den Ingolstädter Medizinern aus. Die traditionell mit gesundheitspolizeilichen Rechten ausgestattete Medizinische Fakultät - die Apothekerordnung von 1646 entstand unter ihrer Mitwirkung - hatte in besonderem Maße unter den Wirren des 30jährigen Krieges gelitten. In der ersten Hälfte des 17. Jahrhunderts wurde sie zeitweise von weniger als zehn Studenten besucht, wobei auch das Fehlen eines eigenen medizinischen Gebäudes und die damit verbundene unzulängliche Ausstattung das Medizinstudium in Ingolstadt nicht eben attraktiv machten.

Eine Verbesserung der Situation deutete sich mit der Lehrtätigkeit von Franz Ignaz Thiermair an, der 1661 mit der Durchführung anatomischer Demonstrationen beauftragt wurde. Die jahrzehntelangen Bemühungen um verbesserte Unterrichtseinrichtungen zeitigten schließlich 1723 die Grundsteinlegung für ein eigenes Gebäude für die Mediziner mit einem anatomischen Theater.

Bereicherung nach den Wirren des 30jährigen Krieges: mehr Raum für naturwissenschaftliche Disziplinen.

Potential der praktischen Erfahrung: die Phase der frühen Aufklärung.

Johann Anton von Wolter (1709 - 1787).

Vollends trat eine Wende zum Besseren in den 50er Jahren des 18. Jahrhunderts ein, als der kurfürstliche Leibarzt Johann Anton von Wolter mit der Reform der Medizinischen Fakultät beauftragt wurde und diese auch energisch in Angriff nahm.

Wolter stellte den Ingolstädter Medizinern zunächst ein vernichtendes Zeugnis aus: Die Professoren kämen ihren Vorlesungspflichten nur ungenügend nach, überdies trügen sie aus veralteten Lehrbüchern vor und vernachlässigten praktische Übungen. Kurzum: Mit Ingolstädter Doctores der Medizin würden Mörder auf die Menschheit losgelassen.

In der Mitte des 18. Jh. wird die Notwendigkeit von Neuerungen als zwingend erkannt. Der Blick auf die Gesetze der Natur wird zum Maßstab.

Wolter stellte sofort ein straffes Studienprogramm auf, das vor allem den Stellenwert der praktischen Medizin und der Arzneimittellehre in den Vordergrund rückte. Ferner sorgte er für eine verbesserte finanzielle Ausstattung, die dem Ankauf neuer medizinischer Instrumente sowie dem Ausbau von botanischem Garten und Anatomie zugute kam. Insgesamt wurde dadurch in Ingolstadt der Anschluß an den seinerzeit modernen Standard medizinischer Ausbildung erreicht.

Der für die Medizin angedeutete Übergang vom Katheder- zum Anschauungsunterricht war nur ein Symptom für den Aufstieg der modernen, auf Experiment und exakte Beobachtung gegründeten Erfahrungswissenschaften. Die wachsende Bedeutung der naturwissenschaftlich-experimentellen Fächer im Zeitalter der Aufklärung und das Interesse des Staates an ihrer nützlichen Anwendung bedeuteten für die Universitäten generell eine enorme Herausforderung, zumal ihnen in den forschungsorientierten Akademien

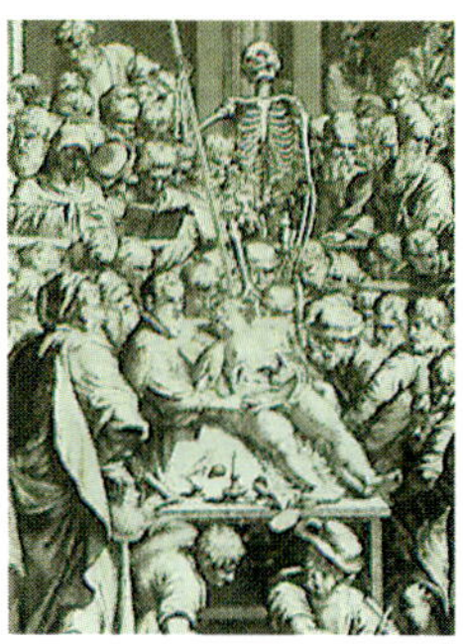

Anatomie und Chirurgie im 18. Jh.

Reformer mit hohem Anspruch: Johann Adam von Ickstatt (1702 - 1776) wurde 1746 zum Universitätsdirektor ernannt.

- die Bayerische Akademie der Wissenschaften war 1759 gegründet worden - Konkurrenz erwuchs.

Das 18. Jahrhundert war somit für die Universität Ingolstadt eine - hauptsächlich zu Lasten des Jesuitenordens gehende - Phase der Modernisierung der Studieninhalte und verstärkter staatlicher Aufsicht. In beiderlei Hinsicht war das Jahr 1746 ein markanter Einschnitt, als Kurfürst Max III. Joseph mit Johann Adam von Ickstatt einen Universitätsdirektor ernannte, der die Ingolstädter Alma mater wieder „in Flor und Ansehen" setzen sollte.

Ickstatt, bis zu seinem Tod im Jahr 1776 eine der tragenden Säulen der bayerischen Bildungspolitik, hatte u.a. in Marburg bei Christian Wolff, dem führenden Repräsentanten der Frühaufklärung in Deutschland, studiert. Als Professor der Rechte an der Universität Würzburg

Transparente Bilder: Wappenscheiben der Medizinischen Fakultät (o. links), der Universität (o. rechts), der Artistenfakultät (u. rechts) und von Dr. Georg Tessinger (u. links), Werkstatt des Hans Wertinger - 1526/27.

hatte er sich vor allem der Vermittlung des Jus publicum, heute würde man sagen: des öffentlichen Rechts, gewidmet - der Paradedisziplin der modernen, sich der Aufklärung öffnenden Universitäten des alten Reiches, die auf eine Aufarbeitung des Reichsrechts und - deshalb die starke Einbeziehung des Faches Geschichte in den juristischen Fächerkanon - der Rechtsvergangenheit des Reiches abzielte.

Wer später als Jurist mit den Staatsgeschäften befaßt war, sollte über Rechtsstatus und -tradition des Reiches und seiner Territorien informiert sein. Nach dem Vorbild protestantischer Universitäten war dieses Anliegen im süddeutsch-katholischen Raum zuerst an der Universität Würzburg umgesetzt worden - eben mit der Berufung Ickstatts. Wenn dieser 1746 vom bayerischen Kurfürsten nach Ingolstadt geholt wurde, so hatte das also durchaus programmatischen Charakter und war Ausdruck der Entschlossenheit, die altbayerische Landesuniversität modernen Strömungen zu öffnen.

Ickstatt hatte in Ingolstadt freilich keinen leichten Stand gegenüber der namentlich von den Jesuiten getragenen Opposition. Er zog es denn auch vor, bei seinen Reformvorhaben die bereits modernisierte Medizin und die von Jesuiten dominierten Fakultäten auszusparen und sich mit einer Neuordnung der Juristenfakultät zu bescheiden.

Als Hüter der Orthodoxie geraten die Jesuiten ins Hintertreffen.

Erfolg der Reformer und die Auflösung des Jesuitenordens.

Konflikte, etwa wegen der Verwendung protestantischer Lehrbücher, blieben dennoch nicht aus. Ickstatt setzte sich mit kurfürstlicher Unterstützung allerdings gegen seine Widersacher durch, wobei er die neue Jurisprudenz nicht nur im Lehrplan verankerte, sondern auch im Rahmen häuslicher Privatgesellschaften einem breiten Schülerkreis die Grundzüge moderner Rechtswissenschaft vermittelte. Nicht zu Unrecht wurde deshalb behauptet, sein Wirken in Ingolstadt habe den Anstoß für die Heranbildung jener effizienten Beamtenschaft gegeben, die dann zwei Generationen später befähigt war, die Reformen der Ära Montgelas in die Praxis umzusetzen.
Kamen in der Juristischen und Medizinischen Fakultät somit bereits in den 40er und 50er Jahren des 18. Jahrhunderts Reformansätze zum Tragen, so war dies in der Philosophischen bzw. Theologischen Fakultät erst in den 70er Jahren der Fall, nachdem die Societas Jesu durch das päpstliche Breve „Dominus ac Redemptor noster" vom 21. Juli 1773 aufgehoben wurde.

Der Jesuitenorden war in fast allen katholischen Staaten freilich schon lange zuvor Zielscheibe heftiger Kritik gewesen. Generell mochte mit dem Abklingen der konfessionellen Gegensätze im 18. Jahrhundert eine religiöse Elite von der Qualität des Jesuitenordens entbehrlicher erscheinen als zuvor. Vor allem aber waren es die starke Präsenz und Autonomie der Societas Jesu im Bildungsbereich, die von den Vertretern staatlicher Bildungsreformpolitik zunehmend als hinderlich empfunden wurde.

Krönung der Studienzeit: historische Doktorurkunde mit Siegel.

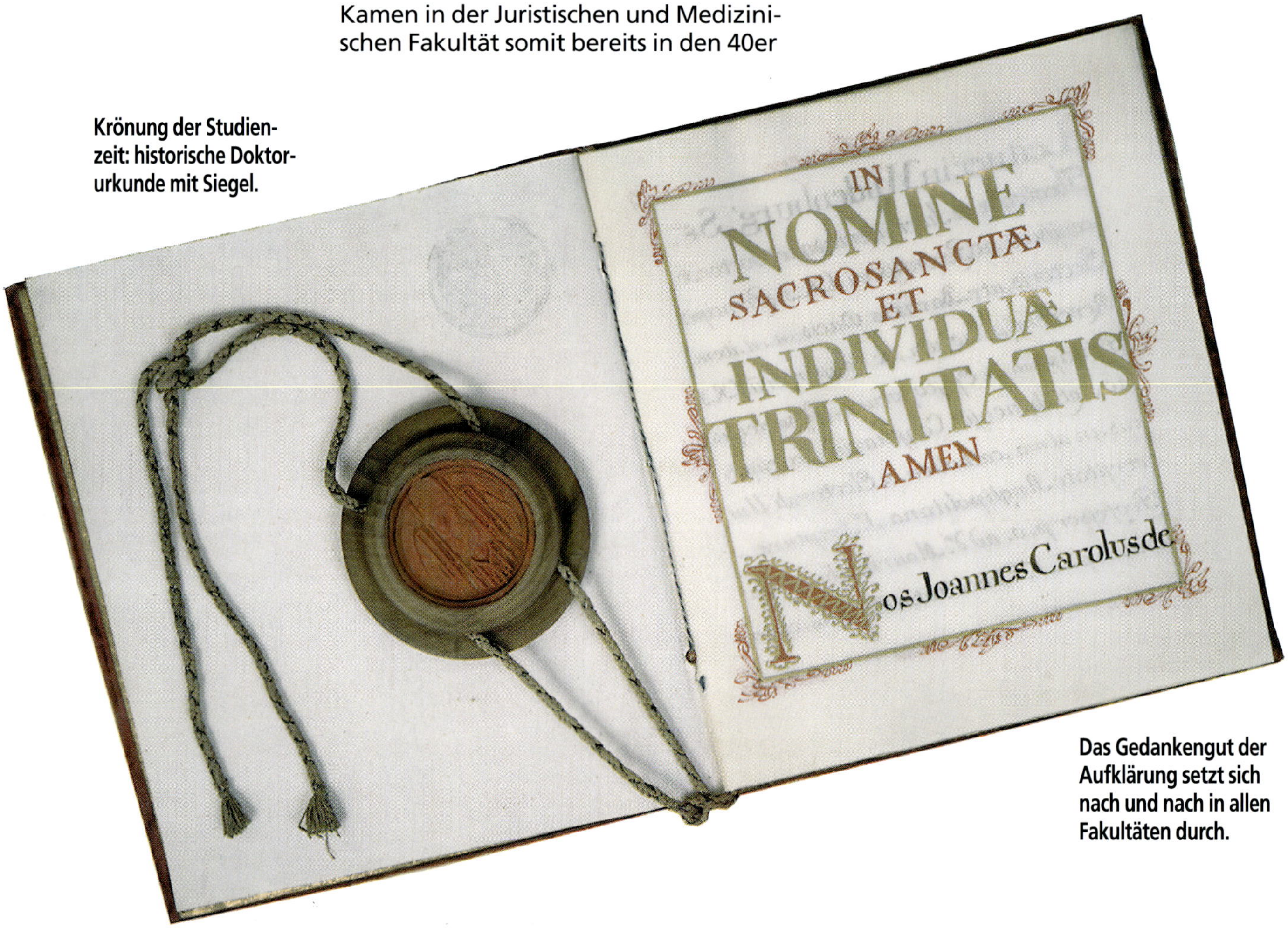

Das Gedankengut der Aufklärung setzt sich nach und nach in allen Fakultäten durch.

Und inhaltlich entsprach das nach wie vor im wesentlichen auf der „Ratio studiorum" von 1599 fußende, theologiezentrierte Lehrangebot der Jesuiten immer weniger dem utilitaristischen Bildungskonzept der Aufklärung, das auf die Vermittlung praktischer Kenntnisse angelegt war. So gesehen empfanden die staatlichen Bildungsplaner die Ordenaufhebung als Befreiungsschlag, der erfreut zur Kenntnis genommen wurde.

„Wenn je eine Gelegenheit seyn könnte, bei dem Schulwesen einige heilsame Abänderungen und Verbesserungen zu machen, so ist es gewiß diese, da jetzt durch die Aufhebung der Societät mit den Lehrern in verschiednen Wissenschaften ohnedem eine große Revolution geschieht". Die Studienreform wurde denn auch sofort in Angriff genommen. Auf der Grundlage zahlreicher Gutachten entstand unter der Regie Ickstatts die „Churfürstlich-Baierische hoher und niederer Schulen-Ordnung" vom 4. Oktober 1773.

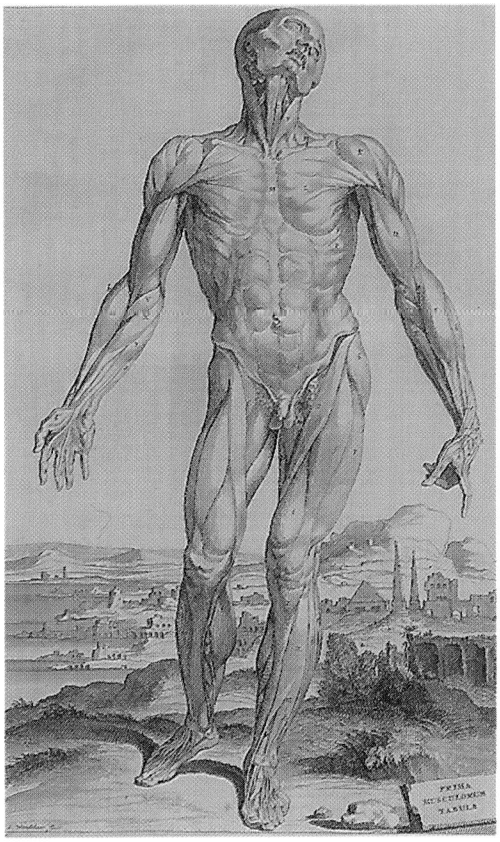

Darstellung aus dem von H. P. Leveling neu editierten berühmten anatomischen Werk des Andreas Vesal.

Aufklärerische Tendenzen in Theologie und Philosophie.

Deutlich um eine organisatorische Straffung des gesamten Bildungswesens und um eine Stärkung der staatlichen Aufsichtsrechte im Bildungsbereich bemüht, legte sie den Akzent erwartungsgemäß auf die praxisorientierten Disziplinen. In der Theologischen Fakultät sah das so aus, daß die theoretisch-spekulativen Fächer wie die Dogmatik gekürzt wurden. Eingeführt wurde hingegen das für die Aufklärungstheologie im Interesse einer Intensivierung der Seelsorge so wichtige Fach Pastoraltheologie. Biblisch-orientalische Sprachen als Voraussetzung einer historisch-kritischen Exegese, im Zusammenhang damit auch Kirchengeschichte, sollten fortan einen festen Platz in einem von vier auf drei Jahre verkürzten Theologiestudium haben.

In der Philosophischen Fakultät kam es vor allem zu einer Aufwertung der mathematisch-naturwissenschaftlichen Disziplinen. In den beiden anderen Fakultäten tat sich aufgrund ihres Reformvorsprungs nach 1773 nicht allzuviel, bemerkenswert ist aber immerhin, daß bei den Medizinern die sogenannte „Hebammenkunst" stärkere Berücksichtigung fand. Ins Jahr 1777 fallen schließlich mit der Errichtung eines Lehrstuhls für „Viehseuch-Kurlehre" die Anfänge der Veterinärmedizin.

Klassische Studienfächer erhalten zusätzliche Schwerpunkte und werden laufend erweitert und spezialisiert.

Nach der Aufhebung des Jesuitenordens sorgt die Berufung neuer Professoren für Zündstoff. Spannungen zwischen Exjesuiten und ihren Gegnern belasten den Lehrbetrieb im späten 18. Jh.

Das Exlibris der Artistenfakultät.

Querelen bei der Besetzung der Ämter und der Malteser-Skandal von 1781.

Neben der curricularen Neuordnung stellte sich natürlich die Aufgabe einer personellen Umschichtung. Dabei zeigte sich - mußten doch über 10 von insgesamt 20 ordentlichen Professuren neu disponiert werden - rasch, daß die vor der Ordensaufhebung so gescholtenen Jesuiten nicht auf einen Schlag entbehrlich waren. Außer auf Weltgeistliche und Religiosen anderer Orden mußte man bei der Neubesetzung der philosophischen und theologischen Lehrstühle somit auch auf eine nicht unerhebliche Zahl von Exjesuiten zurückgreifen.

Dieses Nebeneinander von Exjesuiten, die in dem streitbaren Dogmatiker Benedikt Stattler ihr Oberhaupt hatten, und Jesuitengegnern entpuppte sich als schwere Belastung für den Lehrbetrieb. Professorenfehden waren an der Tagesordnung, ehe sich das Problem durch einen bildungspolitischen Skandal ersten Ranges 1781 sozusagen von selbst erledigte.

Nachdem Kurfürst Max III. Joseph das Vermögen des erloschenenen Jesuitenordens für Zwecke von Unterricht und Kultus bestimmt hatte, beanspruchte Kurfürst Karl Theodor 1781 den Jesuitenfonds für die Dotierung eines bayerischen Zweiges des Malteserordens.

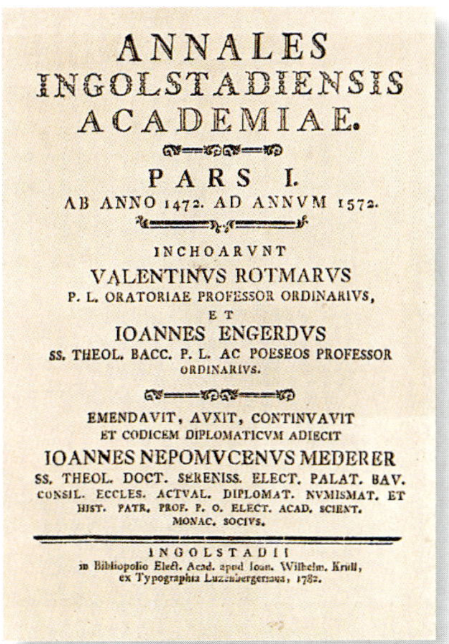

ANNALES
INGOLSTADIENSIS
ACADEMIAE.

PARS I.
AB ANNO 1472. AD ANNVM 1572.

INCHOARVNT
VALENTINVS ROTMARVS
P. L. ORATORIAE PROFESSOR ORDINARIVS,
ET
IOANNES ENGERDVS
SS. THEOL. BACC. P. L. AC POESEOS PROFESSOR ORDINARIVS.

EMENDAVIT, AVXIT, CONTINVAVIT
ET CODICEM DIPLOMATICVM ADIECIT
IOANNES NEPOMVCENVS MEDERER
SS. THEOL. DOCT. SERENISS. ELECT. PALAT. BAV. CONSIL. ECCLES. ACTVAL. DIPLOMAT. NVMISMAT. ET HIST. PATR. PROF. P. O. ELECT. ACAD. SCIENT. MONAC. SOCIVS.

INGOLSTADII
in Bibliopolio Elect. Acad. apud Ioan. Wilhelm. Krull,
ex Typographia Luzenbergeriana, 1782.

Mederer verfaßte zum 300jährigen Jubiläum der Universität seine „Annales Ingolstadiensis Academiae".

Die Neugründung war lediglich eine Versorgungsanstalt für die illegitimen Kinder und die Günstlinge des alternden Kurfürsten, freilich riß sie aufgrund der Umwidmung des Jesuitenfonds eine beträchtliche Lücke in den Bildungsetat. Diese zu schließen wurde den bayerischen Prälatenorden (Benediktiner, Zisterzienser, Augustiner-Chorherren, Prämonstratenser) aufgebürdet, denen im Gegenzug die Besetzung der bislang aus dem Jesuitenfonds besoldeten Professuren übertragen wurde. Es kam somit zum zweiten großen personellen Umbruch nach 1773, dem sämtliche Exjesuiten zum Opfer fielen.

Zugleich war wieder ein Zustand ähnlich dem vor 1773 so herb kritisierten erreicht, daß nämlich Teile der Universität unter Ordensregie standen. Freilich: Grundlage des Lehrbetriebs war nicht mehr eine ordensinterne Studienordnung, sondern ein staatlicher Lehrplan. Überdies stand den Prälaten mit der Universitätskuratel eine wirksame staatliche Kontrollinstanz gegenüber. Bei der zuletzt skizzierten Konstellation blieb es bis 1799, und es muß den bayerischen Prälatenorden bescheinigt werden, daß sie in dieser Zeitspanne stets bemüht waren, fähige Gelehrte nach Ingolstadt zu entsenden. Der Aldersbacher Theologe Stephan Wiest, der Kameralist Benedikt Holzinger aus Kloster Raitenhaslach, der Philologe Sebastian Seemiller aus Polling oder der Naturwissenschaftler Coelestin Steiglehner aus dem Reichskloster St. Emmeram stehen für die Spätblüte der altbayerischen Klosterkultur.

Johann Nepomuk Mederer (1734-1808)

An die Stelle ordensinterner Lehrpläne treten die Studienregeln der weltlichen Obrigkeit.

Eine elitäre Minderheit weckt Angst vor Verschwörung und Umsturz.

Konjunktur für einen geheimen Bund: die kurze Karriere der Illuminaten.

Für die zuletzt angesprochenen 80er und 90er Jahre ist schließlich noch eine Organisation zu erwähnen, die weit über die Grenzen Bayerns hinaus für Furore sorgte. Gemeint ist der von dem Professor für Kirchenrecht, Adam Weishaupt, 1776 in Ingolstadt gegründete radikalaufklärerische Geheimbund der Illuminaten, in dem sich moralischer Rigorismus und politischer Gestaltungswille gleichermaßen bündelten. Mit den mittels eines ausgefeilten Erziehungs- und Überwachungssystems ausgebildeten Illuminaten sollte eine sittliche und intellektuelle Elite herangebildet werden, die - modern gesprochen - den Marsch durch die Institutionen antreten, d.h. Schlüsselpositionen in der staatlichen Administration erobern und allmählich die Fürstenherrschaft entbehrlich machen sollte.

Unter den politischen Rahmenbedingungen des Ancien regime war das natürlich ein Konzept von enormer Sprengkraft, das auf die jungen Intellektuellen einige Anziehungskraft ausübte. Zunächst in Bayern waren die Illuminaten mit der Infiltration staatlicher Behörden auch recht erfolgreich. Freilich: Der Niedergang des Geheimbundes setzte bereits nach wenigen Jahren ein.

Nachdem es vor allem aufgrund der Aktivitäten des Freiherrn Adolf von Knigge zu einer hyptertrophen Ausdehnung in den nord- und mitteldeutschen Raum gekommen war, flog der Illuminatenbund Mitte der 80er Jahre auf; im Februar 1785 gab Weishaupt seinen Ingolstädter Lehrstuhl fluchtartig auf, in der Folgezeit kam es an der Universität zur Entlassung bzw. Relegation einiger Illuminaten.

Der Geheimbund konnte, zumindest in Bayern, als zerschlagen gelten. Ungeachtet dessen flackerte vor dem Hintergrund der Französischen Revolution in den 90er Jahren noch einmal die irreale Furcht vor einer illuminatischen Verschwörung auf. An der Universität Ingolstadt mußten nun alle Professoren mit dem sogenannten Illuminateneid ihre Staatstreue bezeugen, die Aufsicht über die Studenten wurde verschärft, unter dem Deckmantel der Illuminatenverfolgung kam es zur Ausschaltung der Aufklärungssympathisanten unter den Professoren.

Ort verschwiegener Zusammenkünfte: Decke des Illuminatensaales im Logenhaus der Vereinigung, 1782.

Weitere Stärkung der staatlichen Position in der Ära Montgelas.

Ein neuer Geist wehte in Ingolstadt erst wieder nach dem Regierungswechsel des Jahres 1799 mit dem Beginn der Ära Montgelas. Der Kurswechsel wurde sofort in der Personalpolitik deutlich. Vom eindeutigen Primat des Staates über die Kirche ausgehend, versuchte Montgelas als leitender Minister des neuen Kurfürsten Max IV. Joseph, die Religiosen der Prälatenorden von den Professuren zu verdrängen und durch Professoren, die tatsächlich oder vermeintlich der Aufklärung nahestanden, zu ersetzen.

Als geheimnisvoller „Spartacus" stand der Ingolstädter Kirchenrechtler Adam Weishaupt (1748-1830) an der Spitze des Geheimbunds der Illuminaten.

Begründer einer neuen Spiritualität: der Theologe Johann Michael Sailer (1751 - 1832).

Neben ehemaligen Illuminaten wie Joseph Socher oder Josef Milbiller kam auf diese Weise auch das sogenannte Dillinger Kleeblatt - Johann Michael Sailer, Patriz Benedikt Zimmer und Josef Weber - nach Ingolstadt. In Abkehr von der rationalistisch-utilitaristischen Geisteshaltung der Aufklärung entwickelten sich die Dillinger in der Folgezeit freilich anders, als das von der Regierung erwartet wurde.

Der in der Landshuter Epoche der Ludwig-Maximilians-Universität ausbrechende Konflikt zwischen „Aufklärung" und „Romantik" war damit vorprogrammiert.

Im Unterschied der geistigen Ansätze liegt der Keim für künftige Konflikte.

Patriz Benedikt Zimmer (1752-1820).

Josef Weber (1753-1813), ein weiterer Exponent der anti-aufklärerischen Richtung.

Umzugspläne nach Landshut - das Ende der Ingolstädter Epoche.

Damit ist auch schon die durch Reskript vom 17. Mai 1800 angeordnete, im Laufe des 18. Jahrhunderts wiederholt diskutierte Translokation der Universität von Ingolstadt nach Landshut angesprochen. Offiziell begründet wurde sie mit der akuten militärischen Bedrohung der Garnisonsstadt Ingolstadt im Zuge der napoleonischen Kriege.

Lange geplant und letztendlich durchgesetzt: Die Verlagerung der kompletten Institution wird Realität.

Es ist indes unverkennbar, daß das für eine ganze Reihe von Professoren nur der willkommene Anlaß war, Ingolstadt den Rücken zu kehren. Zu oft waren das Nebeneinander von Garnison und Universität mit den daraus resultierenden Spannungen zwischen Studentenschaft und Militär sowie die mangelnde Aufgeschlossenheit der Stadt für die Belange der Universität beklagt worden, so daß Georg Friedrich von Zentner, einer der führenden Mitarbeiter von Montgelas, zu dem Schluß kam: „In der That hat Ingolstadt alles gegen sich, und nichts für sich."

Folgenreicher Akt für die Geschichte der Stadt.

Die Translokation der Universität war für Ingolstadt ein tiefer Einschnitt. Der Rang einer Universitätsstadt war verloren. Lebendig geblieben ist er im historischen Bewußtsein, wie sich nicht zuletzt in dem 1989 mit der Eröffnung der wirtschaftswissenschaftlichen Fakultät der Universität Eichstätt in Ingolstadt unternommenen Versuch zeigt, an die Hochschultradition anzuknüpfen. Während das Jahr 1800 somit für die Stadtgeschichte Zäsurcharakter hatte, traf dies für die Universität selbst in geringerem Maße zu. Für ihre Organisationsstruktur und Studiengesetzgebung waren die in den letzten Jahrzehnten des 18. Jahrhunderts unternommenen Reformanstrengungen und erst recht dann die die herkömmliche Universitätsverfassung sprengenden Neuerungen der Landshuter Epoche von entscheidender Bedeutung.

Von Gottes Gnaden Maximilian Joseph, Pfalzgraf bey Rhein, in Ober- und Nieder-Baiern, Herzog, des heil. Röm. Reichs Erztruchseß, und Churfürst, wie auch Herzog zu Gülch, Cleve, und Berg, Landgraf zu Leuchtenberg, Fürst zu Mörs, Marquis zu Bergenopzoom, Graf zu Veldenz, Sponheim, der Mark Ravensberg, und Rappoltstein, Herr zu Ravenstein, und Hochenack ꝛc.

Schreiben von Maximilian Joseph, Pfalzgraf bei Rhein in Ober- und Niederbayern, an das Dominikanerkloster in Landshut mit der Anordnung zur Unterbringung der Universität.

Abschied von der „Hohen Schule" in Ingolstadt. Der erste Abschnitt in der Geschichte der Universität München findet sein Ende.

Neuer Sitz der Universität: Stadtansicht von Landshut aus dem späten 18. Jh.

Das neue Siegel der Theologischen Sektion, frühes 19. Jh. (Abbildung seitenverkehrt)

Aquarellblatt mit Darstellung von Landshuter Studententrachten.

Uniform der Universitätspolizei in Landshut.

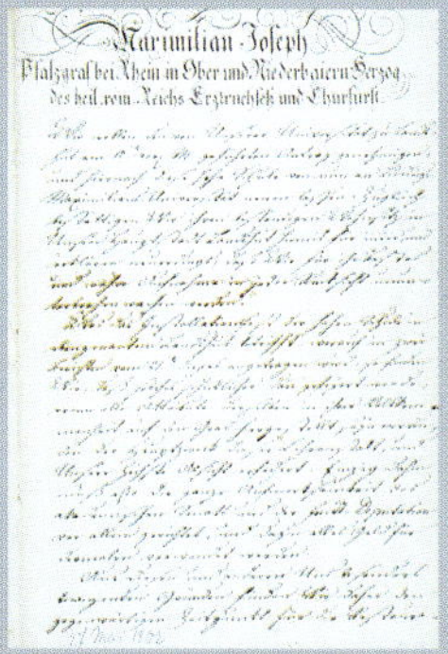

Maximilian Joseph
Pfalzgraf bei Rhein in Ober und Niederbaiern Herzog
des heil. röm. Reichs Erztruchsess und Churfürst

Die Urkunde mit dem neuen Namen der Hochschule, 1802.

Rainer A. Müller

Von der Aufklärung zur Romantik 1800-1826

Ein neuer Name, den Kurfürst Maximilian Joseph der ältesten bayerischen Landesuniversität gab, beendete 1802 einen Translokationsprozeß, in dessen Verlauf die 1472 in Ingolstadt gegründete Hochschule ihrer Heimatstadt entzogen und nach Landshut transferiert worden war.

„Ludovico-Maximilianea" sollte die Hohe Schule fortan heißen und im Namen nicht nur ihren Gründer, Herzog Ludwig den Reichen († 1479), ehren, der in Landshut residiert und in Kloster Seligenthal seine Grabstätte gefunden hatte, sondern gleichermaßen ihren großen Förderer und Reformer, den späteren König Maximilian I. (Kurfürst 1799-1806, König 1806-1825), der per Dekret vom 25. November 1799 die Translokation aus der bedrohten Festungsstadt verfügt und fortan energisch betrieben hatte.

Die Translokation der Hochschule als Rettung und Chance für die weitere Entwicklung.

Kurfürst Maximilian VI. Joseph (1756 - 1806/25) gab den Impuls zum Ortswechsel.

Der bayerische Kurfürst erhielt 1806 die Königswürde.

Landshut wird Universitätsstadt.

Als im Jahre 1800 Ingolstadt von der französischen Armee belagert wurde und sich Senat und Transaktions-Kommission eher überstürzt als in planvoller Gelassenheit zur Evakuierung der Universität entschlossen, war den aufgeklärten, antiklerikal und zentralstaatlich orientierten Reformerkreisen in München ein Anlaß geliefert, der nicht hätte passender sein können: Die Hochschule galt es zu retten aus Feindeshand – mochten die einen dabei durchaus vordergründig an den vor den Toren der Stadt liegenden Kriegsgegner denken, die anderen jedoch sehr viel mehr an die Zerschlagung des exjesuitisch-konservativen Gelehrtenzirkels, als dessen Hochburg Ingolstadt nach wie vor galt.

Zwischen 1800 und 1804 vollzog sich der an Behinderungen und Problemen reiche Umzug von Ingolstadt nach Landshut. Landshut hatte im übrigen vor dem gleichermaßen ambitionierten Straubing das Rennen als Hochschulort gemacht, ein Streit, der per Dekret vom 8. April 1802 entschieden worden war. Vom 4. bis 7. Juni konnten die „Installationsfeierlichkeiten" festlich begangen, die Ehrenpromotionen an den schon weithin bekannten F. W. J. Schelling und den

Vorder- und Rückseite der Namensurkunde von 1802.

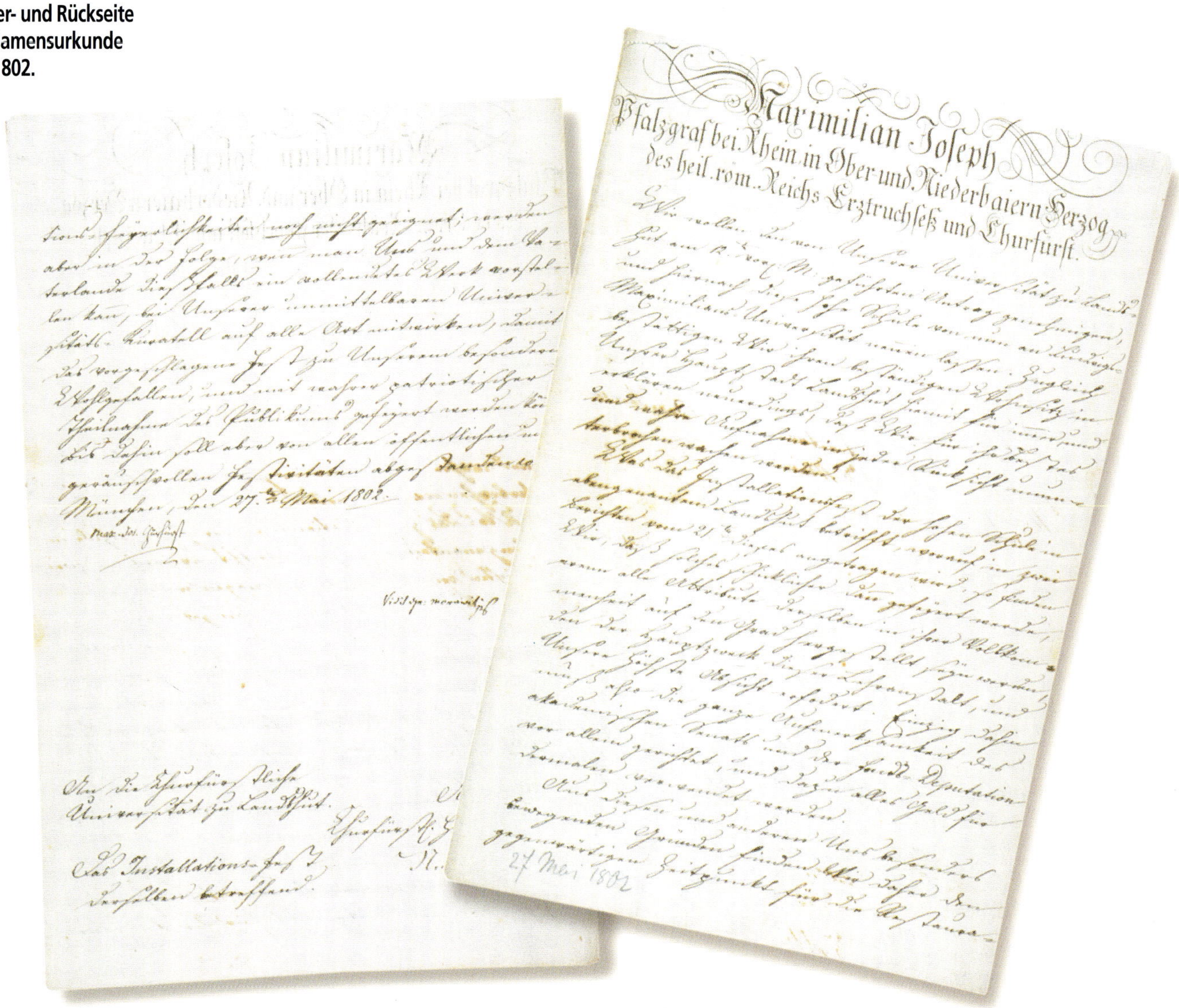

nicht minder berühmten Aufklärungspädagogen C. Weiller ausgesprochen werden – ganz im Sinne des als programmatisch gedachten Mottos „Fiat lux", unter dem das Dankfest stand.

Landshut beherbergte die Universität nur kurze Zeit, bis 1825, ließ sie aber in diesem knappen Vierteljahrhundert deutlich an Profil und Ausstrahlung gewinnen. Während ringsum sich das große Universitätssterben vollzog, in Bayern die Hochschulen in Altdorf, Aschaffenburg, Bamberg, Dillingen und Salzburg gänzlich aufgehoben oder zu Lyzeen degradiert wurden, überstand die Ludovico-Maximilianea im Verbund mit den Universitäten in Würzburg und Erlangen nicht nur die napoleonischen Kriegswirren, sondern setzte in einem „Neuen Bayern" mit Reformkonzepten wissenschafts- und gesellschaftspolitisch neue Akzente.

Nicht Humboldt und die von ihm initiierten preußischen Universitätsreformpläne standen dabei Pate, sondern Frankreich, dessen Universitätssystem auf den nach wie vor stark der eigenen – jesuitischen – Tradition verhafteten Lehr- und Forschungsbetrieb prägenden Einfluß gewann.

Die Verlegung der Universität zeitigt positive Konsequenzen.

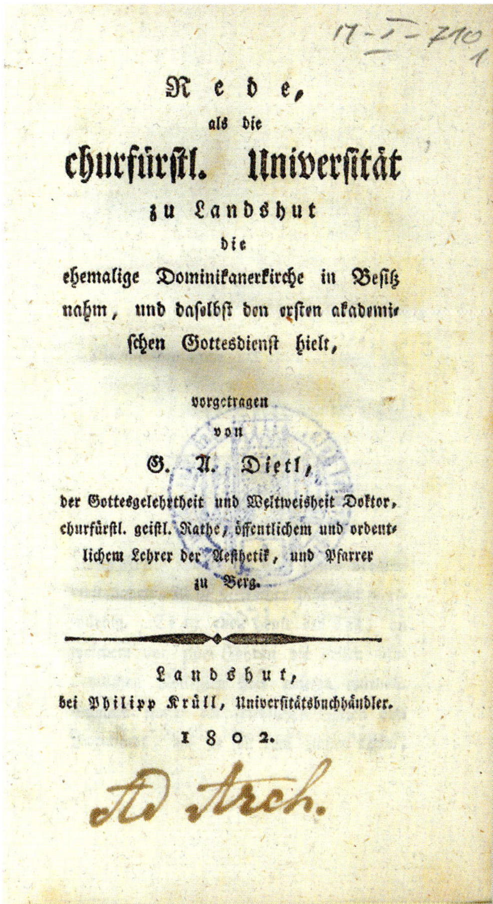

Rede, als die churfürstl. Universität zu Landshut die ehemalige Dominikanerkirche in Besitz nahm, und daselbst den ersten akademischen Gottesdienst hielt, vorgetragen von G. A. Dietl, der Gottesgelehrtheit und Weltweisheit Doktor, churfürstl. geistl. Rathe, öffentlichem und ordentlichem Lehrer der Aesthetik, und Pfarrer zu Berg.

Landshut, bei Philipp Krüll, Universitätsbuchhändler. 1802.

Feierlicher Anlaß für eine Rede: der erste akademische Gottesdienst in Landshut.

Bayerischer Staatsminister Graf von Montgelas (1759 - 1838).

F. W. Joseph von Schelling, Natur- und Religionsphilosoph (1775 - 1854).

Maßnahmen zur räumlichen Ordnung der Verhältnisse.

Materielle Engpässe stärken den Einfluß des Staates.

Der Beschluß einer Transferierung der Alma mater aus „ihrem eisernen Käfig" (Ingolstadt) „in die reizenden Isargefilde" (Landshut) ließ zuallererst Fragen der Unterbringung und Ausstattung der künftigen Hochschule akut werden, die angesichts von Zeit- und Geldknappheit zwar eine ernste, in Erwartung einer konzeptionell bereits zu Ende gedachten, die Ausführung harrenden Säkularisation von Kirchen- und Klosterbesitz aber durchaus zu lösende Problematik darstellten.

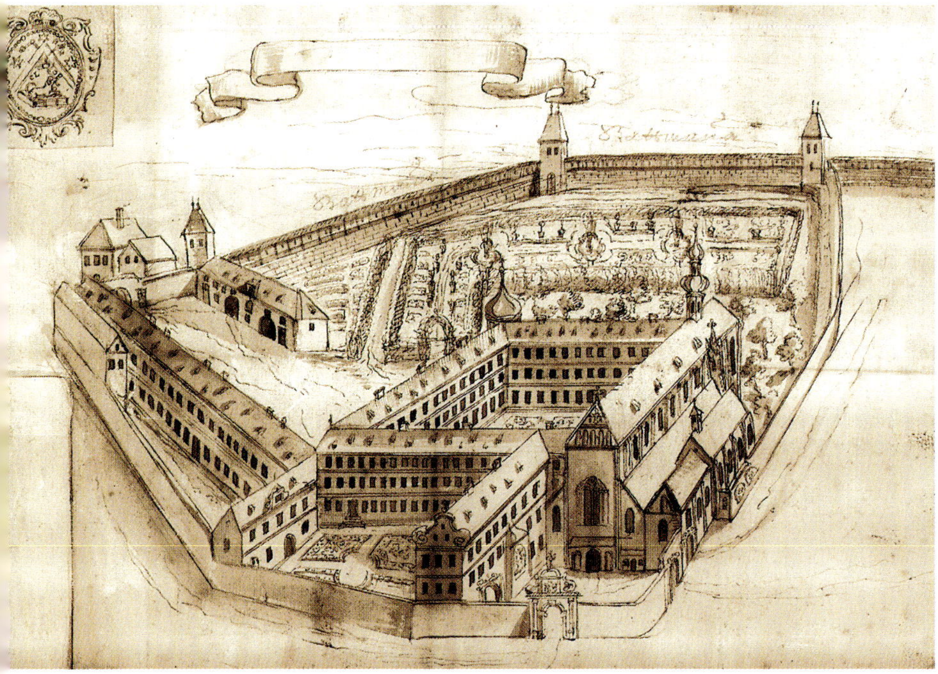

Wurde zum Hort der Lehre: das Dominikanerkloster in Landshut.

Ein erstes Provisorium bot das Dominikanerkloster, mit dessen Hilfe sich eine Aufnahme des Vorlesungsbetriebes am 9. Juni 1802 gewährleisten ließ. „Hier baut sich nun die Weisheit unter Maximilians Auspizien einen Tempel. Dieses Klostergebäude wird in eine Pflanzschule verwandelt, in welcher die künftigen Diener der Religion und des Staates gebildet und mit allen Kenntnissen ausgestattet werden, die ihr Beruf einst erfordert", äußerte sich optimistisch der Rektor der Universität, Georg Aloys Dietl, in seiner Eröffnungsrede 1802 in der Universitätskirche und prieß gleichzeitig euphorisch den Fortschritt der Wissenschaften, den er als in der Harmonie von Vernunft und Offenbarung begründet zu wissen glaubte.

Das alte Jesuitenkolleg in Landshut, erbaut 1690.

Nach der Säkularisation 1803, die der Universität Finanzmittel in Höhe von 10 000 fl. jährlich aus den Klostergütern Seligenthal und Hl. Kreuz bescherte, konnte mit gutem Grund an eine bauliche Erweiterung und Optimierung gedacht werden: Zum Gebäudekomplex der Universität wurde die Aula des alten Jesuitenkollegs geschlagen, ferner große Komplexe des Franziskanerklosters, die fortan unter anderem als anatomisches Theater und chemisches Laboratorium dienten. Das Georgianum fand im Frauenkloster Hl. Kreuz seine Heimstatt, während das Hospital Medizin und Chirurgie zu beherbergen hatte. Ein Trausnitz-Flügel diente als Observatorium, der Kapuzinergraben als Reitbahn.

Der juristisch nicht völlig eindeutigen Situation der Universität als Korporation, Stiftung und Staatsanstalt sowie ihre komplexe, stets problembehaftete Mischfinanzierung aus Kapitalzinsen, Renten und Einnahmen aus Liegenschaften und Staatsetat ließen in einer Zeit großen gesellschaftlichen Umbruchs und riesiger, von öffentlicher Hand betriebener Vermögenstransaktionen den Einfluß des Staates fast automatisch wachsen.

Salve dulce solum!
Salve viridissima tellus,
spumans quam rapidis Isara findit aquis.
Urbs quoque cincta hortis, et,
quae supereminet urbem,
nobilis aërio culmine turris, ave!
Quem iuvenem quondam fovisti,
nunc quoque fessum
excipe, quaeso, libens, hospita terra senem!
Hinc procul erravi,
nunquam tamen immemor urbis,
quae mihi non uno nomine cara fuit.
Hic quondam ingenuis
versatus in artibus auctae
praemia doctrinae, laurea serta tuli.
Quot mihi sunt dulces,
hic sum sortitus amicos,
hactenus illaesam qui tenuere fidem.
Hic dextram iunxit dextrae fidissima coniunx,
dulce decus vitae, praesidiumque meae.
Pignora fortunae quae tot mihi cara dedisti,
urbs adamata! Triplex sit tibi dicta salus!
Stet virtute tua rerum fortuna tuarum,
crescat et antiqua gloria parta fide!
Annuat his votis,
quem non modo ture sacrisque,
quem virtute simul, quem pietate colis,
annuat - et dextra sublimi protegat urbem,
protegat arva, hortos, moenia, tecta Deus!

Lanshuti, XI ante Calend. August.
MDCCCLX.

Liebevolle Verse: Grußgedicht von Professor Hieronimus J.P. von Bayer an die Universität Landshut, 1860.

Akutes Problem ohne überzeugende Lösung: die Finanzmisere.

Zudem bedeutete die stete Vermehrung universitärer Haushaltsdefizite einen Trumpf in den Händen der Obrigkeit, die damit zu wuchern wußte.
1813/14 zum Beispiel betrugen die Gehaltszahlungen der Ludovico-Maximilianea etwa 46 000 fl. – wobei die Professorenbesoldungen abhängig von den Fakultäten und dem jeweiligen Dienstalter zwischen 500 und 2 500 fl. schwankten – während die Rendite aus dem disponiblen Universitätsvermögen bei 40 000 fl. lag. Zuzüglich der Sachausgaben von etwa 15 000 fl. belief sich das Defizit somit auf geschätzte 30 000 fl.

Nach der Übersiedlung ergeben sich eklatante Lücken im Budget.

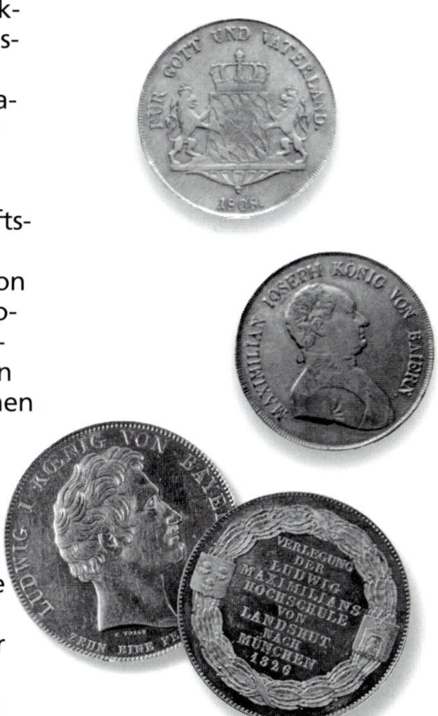

Im Jahre 1820/21 wiesen die Wirtschaftsbücher auf der Soll-Seite Gehälter in Höhe von 40 000 fl. für Professoren, von 6 000 fl. für das Amts- und Dienstpersonal aus, 12 500 fl. betrugen die Ausgaben für Sachmittel, Lasten und Steuern beliefen sich auf 33 500 fl., die jährlichen Unterhaltskosten unter Einschluß von Ausgaben zur Beleuchtung, Heizung und allfälliges Mobiliar auf 2 780 fl.

Diesem Gesamt an Ausgaben von 77 000 fl. standen auf der Haben-Seite Einkünfte aus Liegenschaften und Aktivkapital in Höhe von 22 000 fl. zur Verfügung. Mit einem Defizit von ca. 55 000 fl. bewegte sich die Universität am Rande des Ruins, und alle Vorschläge, die auf einen Bilanzausgleich zielten, selbst eine weitere Beiziehung von Kirchenvermögen oder eine Schließung anderer bayerischer Hochschulen, wurden eingehend geprüft. Obwohl man der Universität 1806 die Selbstverwaltung der Finanzen entzogen hatte, setzte man sie 1815 wieder weitgehend in ihre alten Administrationsrechte (Verwaltungsausschuß) ein. Eine Staat wie Universität auch nur annähernd zufriedenstellende Lösung des Finanzproblems konnte in der Landshuter Epoche der Ludovico-Maximilianea gleichwohl nicht erreicht werden.

Gelehrte Köpfe und geistige Ansatzpunkte in der Landshuter Periode.

Kurzes Gastspiel: der Jurist P. J. Anselm von Feuerbach (1775 - 1833).

Während der Landshuter Periode der Ludovico-Maximilianea bestand der Gesamtlehrkörper aus 73 Professoren: 22 Philosophen, 10 Theologen, 17 Medizinern, 17 Juristen und 7 Kameralisten, die sich nach Sektionen gruppierten und auf folgende Lehrkanzeln verteilten (Stand 1820/21):

A. Allgemeine Wissenschaften

I.	Philosophie	2
II.	Mathematik/Physik	3
III.	Historische Wissenschaft	2
IV.	Schöne Künste	2

B. Besondere Wissenschaften

I.	Wissenschaft zur Bildung religiöser Volkslehrer	4
II.	Rechtskunde	5
III.	Staatswirtschaft	4
IV.	Heilkunde	7

Pionier einer umfassenden heilkundlichen Theorie und Praxis: der Mediziner Andreas Röschlaub (1768 - 1835).

Im Sozialprofil des Lehrkörpers dominierten Akademiker- und Beamtensöhne in den Fakultäten der Jurisprudenz und der Medizin, während an den Fakultäten für Philosophie und Theologie, wie auch anderwärts zu beobachten, vor allem Handwerker- und Bauernkinder ihre Karriere aufbauten (40-50 %).

Innerhalb der Professorenschaft, die Montgelas demonstrativ mit Anhängern der Aufklärung und renommierten Persönlichkeiten durchsetzte, fanden sich Kapazitäten von Rang, die über Bayern hinausreichende wissenschaftliche Reputation und, soweit das Wirken eines Universitätsgelehrten in einer Kleinstadt eine derartige Honorierung zuließ, auch Popularität besaßen.

Nikolaus Thaddäus Gönner († 1827), namhafter Staatsrechtler, Haupt des „Landshuter Kränzchens" und des „Illuminaten Clubs", stand in wissenschaftlichem Disput mit Anselm Ritter von Feuerbach , der freilich nur kurze Zeit einer Lehrtätigkeit in Landshut nachging. Ebenfalls nur zwei Jahre dozierte der Begründer der historischen Rechtsschule, Friedrich Carl von Savigny, an der bayerischen Landesuniversität, in dessen Haus die Geschwister Brentano zu verkehren pflegten, und der, an aufwendigen Lebens- und Umgangsstil gewöhnt, die Isar-Stadt zu patriarchalisch und ärmlich fand. Die Juristen Georg L. Dresch († 1831), Johann N. Wening-Ingenheim († 1831) und Joseph Anton Mittermaier († 1867) hingegen hatten sich in dem bescheidenen städtischen und kulturellen Ambiente einzurichten gewußt und klagten weder über intellektuelle noch gesellschaftliche Defizite.

Die Medizinische Fakultät erwarb das Epitheton „romantische Ärzteschule", da sie bemüht war, neben der Schulmedizin neuen Trends und zeittypischen Moden nachzugehen. Vorreiter einer – im heutigen Sprachgebrauch wohl ganzheitlichen, stark der Psychologie verpflichteten – Medizin war Andreas Röschlaub, ein Anhänger der Naturphilosophie Schellings und Begründer der „Erregungstheorie", ferner Philipp von Walther († 1849), der spätere Leibarzt Ludwigs I., zu denen sich der Physiologe Friedrich Tiedemann († 1861) gesellte. Diesem Triumvirat standen vom Forschungsansatz her die Pharmakologen Georg August Bertele († 1818) und Johann A. Buchner († 1852) nahe, die zu den bekanntesten Vertretern ihres Faches zählten.

Johann Michael Sailer († 1832), bis 1821 Professor für Liturgie, Pastoraltheologie und Pädagogik, später Bischof von Regensburg, wirkte durch seine irenische Religiosität als charismatischer Erzieher auf eine ganze Klerusgeneration. Der Dogmatiker und Anti-Kantianer Patriz B. Zimmer († 1820), der „Reformliturgiker" Vitus A. Winter († 1814) und der Pastoraltheologe Peter Roider († 1820) lösten trotz ihrer unterschiedlichen wissenschaftlichen Intentionen die Theologie jener Zeit aus einer geistigen Erstarrung und Orthodoxie, in die sie während der späten Ingolstädter Jahre mit antiaufklärerischen Positionen geraten war.

An der Philosophischen Fakultät bzw. an der Sektion der Allgemeinen Wissenschaften dozierten u. a. der Altphilologe und Neuhumanist Georg A. F. Ast († 1841), der Philosoph Friedrich Köppen († 1858), der Exjesuit und Professor der Ästhetik Georg A. Dietl († 1809), zugleich Stadtpfarrer von St. Martin, und der Rationalist und Feind des Modephilosophen Schelling, Jakob Salat († 1851).

Kontroversen wie sie Schelling/Salat austrugen und damit durchaus nationales Aufsehen erregten, waren den Mathematikern fremd. Als solide, doch in der Zunft angesehene Vertreter dieses Faches erwiesen sich in Landshut Paul Hupfauer († 1808) und Maurus Magold († 1837). Auch der Historiker Konrad Mannert († 1834) sowie die Staatswirtschaftler und Kameralisten Konrad Frohn († 1829) und Franz X. Moshammer († 1826) erlangten über die bayerischen Landesgrenzen hinausgehende Bekanntheit.

Der Jurist Friedrich Carl von Savigny (1779 - 1861).

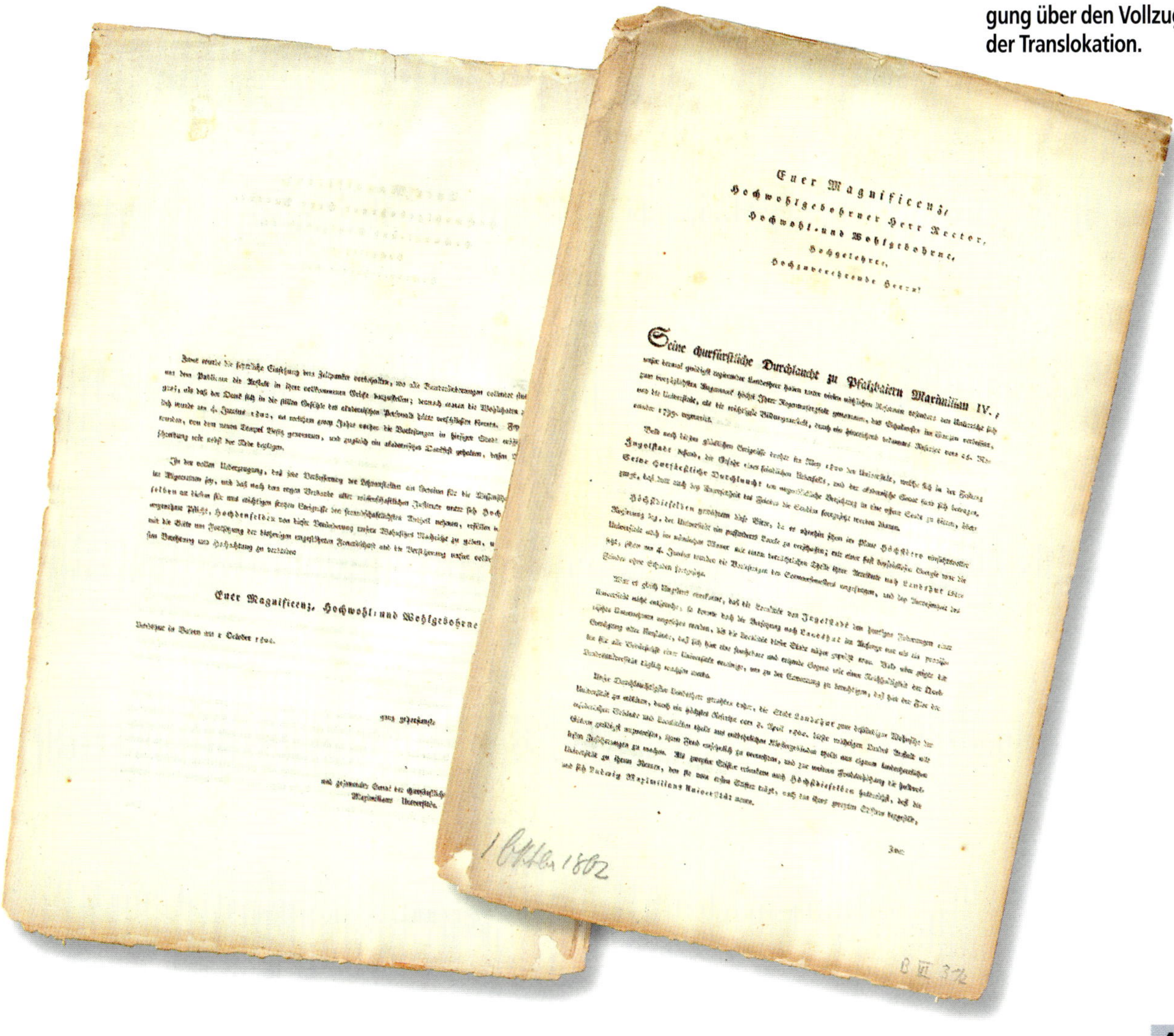
Euer Magnificenz, Hochwohlgeborner Herr Rector, Hochwohl- und Wohlgeborne, Hochgelehrte, Hochzuverehrende Herren!

Seine churfürstliche Durchlaucht zu Pfalzbaiern Maximilian IV.

Euer Magnificenz, Hochwohl- und Wohlgeborne

1 Oktbr 1802

Gedruckte Benachrichtigung über den Vollzug der Translokation.

Maßstab für den Stellenwert: die Zahl der Studenten.

Während der Landshuter Zeit der Ludovico-Maximilianea inskribierten sich insgesamt zirka 5 700 Studenten. Etwa ein Fünftel davon immatrikulierte sich an der Philosophischen, ein Viertel an der Theologischen, ein Drittel an der Juristischen und etwa ein Zehntel an der Medizinischen Fakultät.

Die Frequenz der Neueinschreibungen lag im Gesamtzeitraum jährlich bei etwa 200, stieg freilich in den letzten beiden Jahren auf über 340 an. Geht man von einer durchschnittlichen Verweildauer von 2,5 Jahren aus, so lebten gewöhnlich 500 bis 600 Studenten innerhalb der Stadtmauern. Im Translokationsjahr 1825/26 belief sich die Studentenzahl auf nahezu 1 000; die Landshuter Hochschule zählte damit nach Leipzig, Göttingen, Halle und Berlin zu den größten deutschen Universitäten. Bei einer Einwohnerzahl von annähernd 7 500 Seelen blieb das Verhältnis Studenten / einheimische Bevölkerung somit lange Zeit konstant, verschob sich lediglich in den zwanziger Jahren zugunsten der Studenten.

Teil des geselligen Lebens: junge Männer in typisch Landshuter Studententracht (Aquarell von Franz von Pocci, ca. 1860).

Vue perspective de la ville de Landshut, de l'épanchoir et du pont à arche de 100 pieds d'ouverture. Cet épanchoir à été

Herkunft der Studenten und soziales Milieu.

Landshut blieb aufgrund seiner Katholizität und der Konkurrenz anderer Hochschulen und Lyzeen eine altbayerische Universität: Ein Fünftel der Gesamtscholarenschaft entstammte 10 bayerischen Kommunen, die jeweils mehr als 50 Scholaren an die Isar sandten (München 340, Landshut 166, Amberg 117, Straubing 105, Regensburg 91, Augsburg 90, Passau 82). Ein Drittel rekrutierte sich aus Mittel- und Kleinstädten, der weitaus größte Teil entstammte bayerischen Märkten und Dörfern.

Die regionale Herkunft der Studenten prädisponierte die soziale: Etwa 40 % der Scholaren entstammte dem Beamten- bzw. Akademikerstand, ebenfalls 40 % dem Handwerkermilieu, 15 % dem Bauernstand. Auf das Studienprofil bezogen führte dies zu gleichen Konsequenzen wie bei den Professorenkarrieren und bedeutete, daß Bauernsöhne sich vornehmlich der Theologie, zum Teil auch der Philosophie zuwandten, Beamten- und Akademikersöhne hingegen sich verstärkt auf die Fächer der Jurisprudenz, der Kameralistik und der Medizin konzentrierten.

Eine Form der studentischen Ständeordnung: die schlagende Verbindung.

Die Qualifikation der Lehrkräfte und das Niveau der Belegschaft sichern die Bedeutung der Universität.

Zeitgenössisches Panorama: der Blick auf die Isarstadt Landshut.

Lehrende und Lernende im statistischen Verhältnis.

Was der Zeitschrift EOS 1824 lediglich eine Kurznotiz wert war, nämlich, daß „die Summe der öffentlichen Lehrer auf allen Universitäten Teutschlands, welches 30 Millionen Einwohner zählt, sich jetzt auf 880 [beläuft], und die der Studirenden auf 12 800, wornach von letzteren nicht ganz 15 auf einen Lehrer kommen", erwies sich bildungspolitisch von außerordentlicher Bedeutung. Von einem heutzutage vielfach beklagten Un-Verhältnis zwischen Lehrenden und Lernenden konnte zu damaliger Zeit bei einer Relation von 1 : 15 kaum die Rede sein.

Karrierestart in Landshut: Eduard von Schenk: 1825 - 31 „Kultusminister" von Ludwig I.

Studierte in Landshut und wurde später Professor in München: der Mineraloge Franz von Kobell (1803 - 1882).

In Landshut verschob sich das Verhältnis etwas zu Ungunsten der Studenten, doch mußten sich die 400 bis 600 anwesenden Scholaren auch von 20 bis 30 Professoren noch gut betreut fühlen. Kritisch bemerkte der EOS-Autor des weiteren, daß im Unterschied zu anderen Ländern sich „bey uns unter 2 300 Einwohnern nur einer an der Hochschule befindet". Auf je eine Million Einwohner entfielen nach dieser Berechnung der Zeitschrift also etwa 425 Studenten. Die Forschung setzt die Relation auf Reichsebene im 1. Viertel des 19. Jahrhunderts mit 300/350 zu 1 Million Einwohner sogar noch um einiges schlechter an. Bayern mit seinen Landesuniversitäten und 5 diese surrogierenden Lyzeen übertraf mit 1 500/1 800 Hochschülern den Reichsschnitt deutlich und strafte damit das Schlagwort vom „nord-südlichen Bildungsgefälle" zumindest quantitativ Lügen.

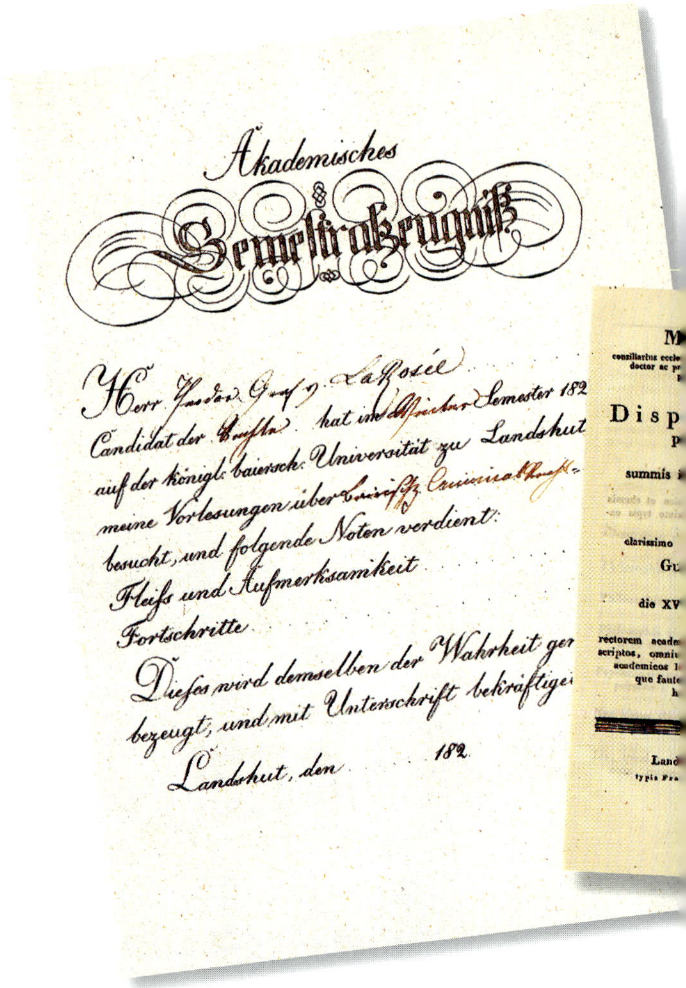

Akademisches Semestralzeugniß

Herr … Candidat der … hat im … Semester 182 auf der königl. baiersch. Universität zu Landshut meine Vorlesungen über … besucht, und folgende Noten verdient:

Fleiß und Aufmerksamkeit

Fortschritte

Dieses wird demselben der Wahrheit gemäß bezeugt, und mit Unterschrift bekräftiget.

Landshut, den … 182

Die an der Landshuter Universität vergebenen akademischen Doktorgrade – 364 an der Zahl (= 6, 4 %) – verteilten sich auf die Fächer wie folgt: 15 in Theologie, 61 in Jurisprudenz, 263 in Medizin, 18 in Philosophie und 5 in Kameralistik.

Landshut war zweifellos keine Elite-Hochschule, die ohne persönlichen Einsatz berufliche Karrieren vorgegeben und Lebensläufe optimiert hätte, doch sie förderte Talente, die dann von sich aus den Sprung in politische oder akademische Spitzenränge schafften. Aus der Landshuter Studentenschaft – zu ihr zählte als Schüler Savignys auch der Kurprinz und spätere König Ludwig I. – gingen Persönlichkeiten hervor, die das geistige und politische Antlitz und darüber hinaus in der 1. Hälfte des 19. Jahrhunderts prägend mitbestimmten, so der Mediziner Johann Nepomuk Ringseis

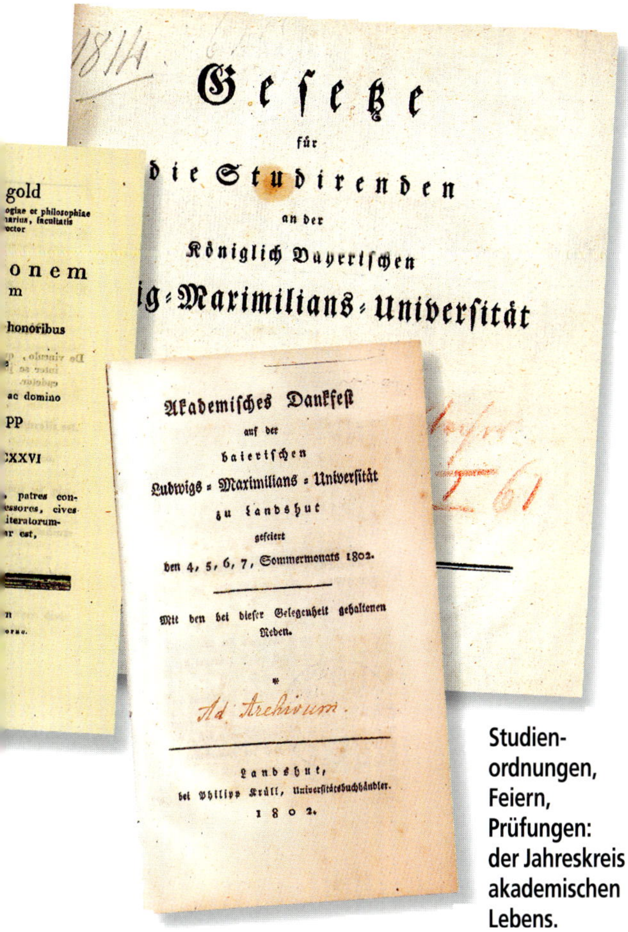

Studienordnungen, Feiern, Prüfungen: der Jahreskreis akademischen Lebens.

(† 1880), die Juristen Joseph Anton Mittermaier († 1867) und Johann N. Wening-Ingenheim († 1831), die Minister Joseph L. v. Armannsperg († 1853), Eduard von Schenk († 1841) und Ludwig Fürst von Öttingen-Wallerstein († 1870); der Orientalist Jakob Philipp Fallmerayer († 1861); die Bischöfe Georg Oettl († 1866), Melchior von Diepenbrock († 1853), Karl August Graf von Reisach († 1869); der Naturwissenschaftler Franz von Kobell († 1882), der Dichter Franz Graf von Pocci († 1876), der Münchener Bürgermeister Joseph Teng († 1837).

Soziologische Aspekte im Hochschulleben der Romantik.

Geselligkeit und sozialer Austausch in unterschiedlicher Ausprägung.

Trotz der an heutigen Maßstäben gemessenen Beschaulichkeit und Idylle ohne nennenswertes kulturell-akademisches Szenario, die eine Hochschule wie Landshut auszeichneten, wußte man sich zu unterhalten, pflegte auf studentischer wie auch auf professoraler Ebene regen gesellschaftlichen und wissenschaftlichen Kontakt. Der Kreis der „Romantiker", zu denen J. N. Ringseis, Eduard v. Schenk, A. Freiherr Savotti, Baron Karl Gumppenberg, Max Prokop v. Freyberg und diverse Studenten zählten, traf sich gewöhnlich im Hause Savigny; ein Literaturzirkel namens „Juvenismus" bildete sich um die Brüder Ringseis, J. Löw, J. Vanino, J. Teng, Karl Loe. Trotz regierungsamtlichen Verbotes (1807) sowie der Karlsbader Beschlüsse von 1819 blühte das Verbindungsleben an der Isar, ja fand geradezu über Landshut Eingang an bayerischen Hochschulen. Es entstanden die Landsmannschaften Suevia, Franconia und Bavaria, deren Kommerse, Rennoncen und Mensuren und auch Duelle rühmliche und weniger rühmliche, in jedem Fall aufsehenerregende Ereignisse darstellten.

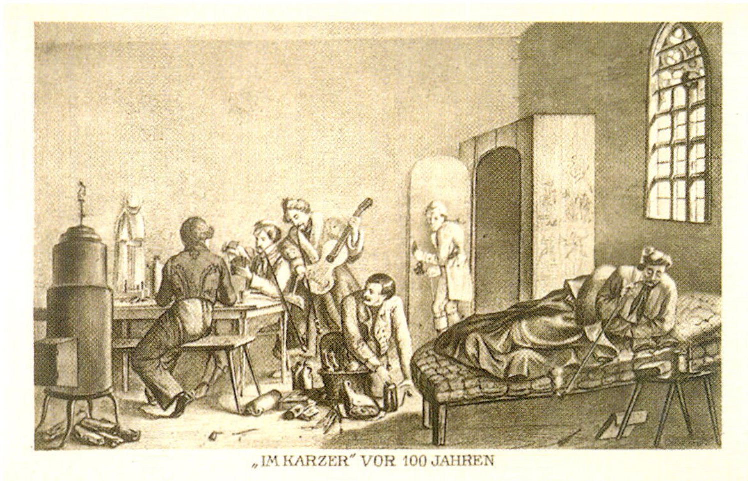

Reminiszenzen an das Scholarentum.

Das Reglement wird strenger. Staatserhaltende Ziele gewinnen an Gewicht.

Phasen und Formen der strukturellen Umorganisation.

Im Konzept der Neuordnung Bayerns und der alle Überlegungen beherrschenden Maxime einer Stärkung staatlichen Einflusses fiel der Ludovico-Maximilianea als Ausbildungsstätte für den Beamtennachwuchs eine zentrale Rolle zu. Das mit Nachdruck verfolgte Ziel einer sowohl inhaltlich fundierteren wie auch stärker berufsbezogenen Staatsdienerausbildung führte an den bayerischen Universitäten zu einer extremen Umstrukturierung, in deren Zuge Landshut zur „Reformuniversität" mutierte.

Inskriptionsaufforderung der Theologischen Fakultät aus dem Jahr 1819.

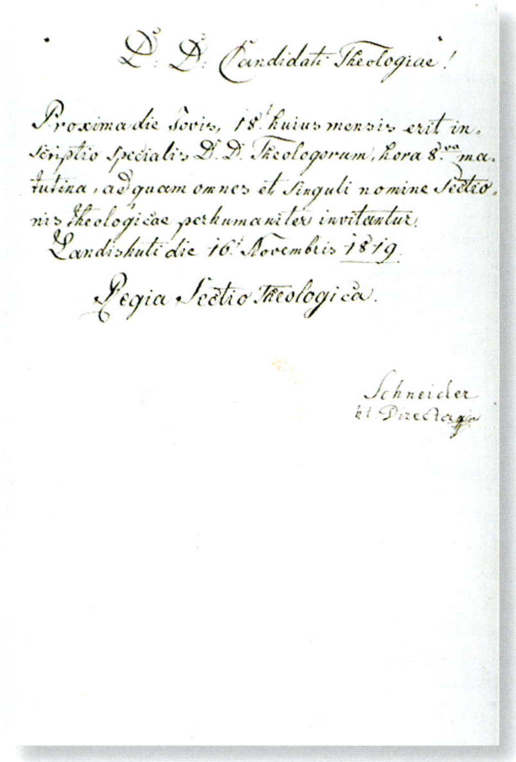

D. D. Candidati Theologiae!

Proxima die Jovis, 18. huius mensis erit inscriptio specialis D. D. Theologorum, hora 8.va matutina, ad quam omnes et singuli nomine Sectionis Theologicae perhumaniter invitantur.
Landishuti die 16. Novembris 1819.

Regia Sectio Theologica.

Schneider
et Directorio

Das alte Siegel der Theologen – 1802 wurde es zersägt.

Das neue Siegel der Theologischen Sektion aus den Jahren 1805/06 (spiegelverkehrt abgebildet).

Reformen fanden auf mehreren Ebenen und in mehreren Phasen statt: 1804 beseitigte das Organisationsedikt – konzipiert von Zentner – in radikaler Form die traditionelle Fakultätsstruktur sowie bisher übliche Usancen der Rektorwahl. Während der Rektor nunmehr auf staatlich-ministeriellem Wege erwählt und vom König ernannt wurde, bildeten anstelle der bisherigen vier Fakultäten zwei Hauptklassen, eine der „Allgemeinen" und eine der „Besonderen Wissenschaften", untergliedert wiederum in vier Sektionen, den institutionellen akademischen Rahmen. Neben das Plenum der Professoren, das zentrale Organ der akademischen Selbstverwaltung, trat ein „engerer Senat", dessen Mitglieder z. T. vom Staat ernannt wurden.

Das Kanzleramt, das vormals der Bischof von Eichstätt innegehabt hatte, wurde 1807 liquidiert: Die Promotionen erfolgten fortan nicht mehr sub auctoritate pontificia, sondern im Namen der Regenten sub potestate regia. Die jahrhundertealte Hochschule ging nahezu sämtlicher Attribute ihrer korporativen Autonomie verlustig: die Siegel von Rektoren und Fakultät wurden gebrochen und durch Staatsstempel ersetzt; statt ihrer althergebrachten Gelehrtenkostüme kleideten sich die Professoren künftig in Uniformen und brachten auf diese Weise auch äußerlich zum Ausdruck, daß sie nicht länger als Mitglieder einer privilegierten Korporation vorstanden, sondern als Staatsbürger dieser sowie dem Gemeinwesen dienten. Eine dramatische Einschränkung erfuhr die akademische Gerichtsbarkeit, ehemals Kernstück universitärer Privilegierung, deren verbliebener Rest sich schließlich nur noch auf die Disziplinargewalt des Rektors im Universitätsgebäude beschränkte.

Einbeziehung der Lehre in das höhere bayerische Bildungswesen.

Die nicht nur institutionell, sondern auch lehrinhaltlich weitgehend erfolgreich vollzogene Integration der Landshuter Hochschule in das nicht länger von kirchlichen, sondern von staatlichen Instanzen gelenkte höhere bayerische Bildungswesen vollzog sich im Rahmen einer Vielzahl von Verordnungen, von denen jedoch der „Wismayersche Schulplan" von 1804 und das „Niethammersche Normativ" von 1808 als außerordentlich einschneidende Gesetzeswerke im Geiste des Aufklärungsphilantropinismus und des Neuhumanismus alle anderen übertrafen.

Beide Erlasse zeigen einmal mehr, daß das, was sie mit Blick auf die Ludovico-Maximilianea als struktureller Umbau einer Hochschule zur „Lern-Schule" und „Staats-Anstalt" darstellten, keineswegs Stückwerk war, sondern von flankierenden Maßnahmen begleitet wurde, die von einer Disziplinierung der Studenten (Statuten von 1814), kürzeren Studienzeiten und einer präzisen Festlegung des Lehrstoffes bis zur Neuordnung des Berufsberechtigungswesens (1808 erste Lehramtsprüfung) oder des Hochschulzugangs durch Einführung des Abiturs (1809) reichten.

Straff geregelte Vorschriften machen die Hochschule zur „Staats-Anstalt".

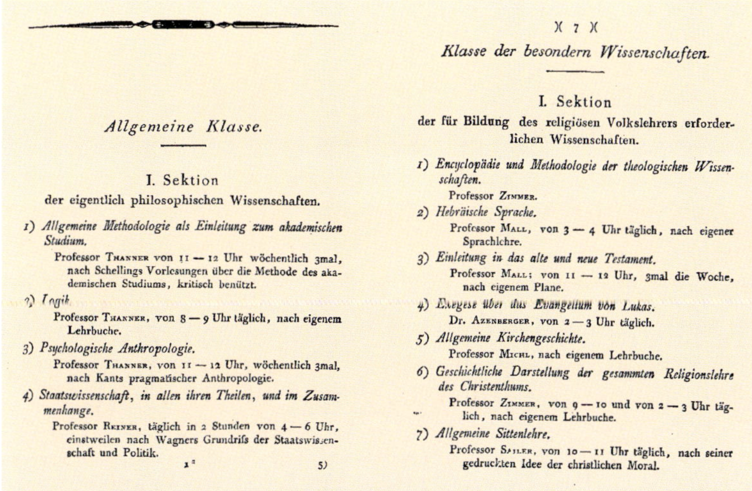

Allgemeine Klasse.

I. Sektion
der eigentlich philosophischen Wissenschaften.

1) *Allgemeine Methodologie als Einleitung zum akademischen Studium.*
Professor Thanner von 11 — 12 Uhr wöchentlich 3mal, nach Schellings Vorlesungen über die Methode des akademischen Studiums, kritisch benützt.

2) *Logik.*
Professor Thanner, von 8 — 9 Uhr täglich, nach eigenem Lehrbuche.

3) *Psychologische Anthropologie.*
Professor Thanner, von 11 — 12 Uhr, wöchentlich 3mal, nach Kants pragmatischer Anthropologie.

4) *Staatswissenschaft, in allen ihren Theilen, und im Zusammenhange.*
Professor Reiner, täglich in 2 Stunden von 4 — 6 Uhr, einstweilen nach Wagners Grundriß der Staatswissenschaft und Politik.

1 [2] 5)

X 7 X

Klasse der besondern Wissenschaften.

I. Sektion
der für Bildung des religiösen Volkslehrers erforderlichen Wissenschaften.

1) *Encyclopädie und Methodologie der theologischen Wissenschaften.*
Professor Zimmer.

2) *Hebräische Sprache.*
Professor Mall, von 3 — 4 Uhr täglich, nach eigener Sprachlehre.

3) *Einleitung in das alte und neue Testament.*
Professor Mall; von 11 — 12 Uhr, 3mal die Woche, nach eigenem Plane.

4) *Exegese über das Evangelium von Lukas.*
Dr. Azenberger, von 2 — 3 Uhr täglich.

5) *Allgemeine Kirchengeschichte.*
Professor Michl, nach eigenem Lehrbuche.

6) *Geschichtliche Darstellung der gesammten Religionslehre des Christenthums.*
Professor Zimmer, von 9 — 10 und von 2 — 3 Uhr täglich, nach eigenem Lehrbuche.

7) *Allgemeine Sittenlehre.*
Professor Sailer, von 10 — 11 Uhr täglich, nach seiner gedruckten Idee der christlichen Moral.

Wer die Wahl hat...: Vorlesungsverzeichnis aus Landshut.

In den 20er Jahren sank die Landshuter Universität – nicht zuletzt aufgrund ihrer desolaten Finanzsituation - ins Mittelmaß ab. Vakanzen von Lehrstühlen waren die Regel, die Elite von Professoren verließ die Trausnitz-Stadt – vielfach, um sich an der Münchner Akademie der Wissenschaften neu zu etablieren. Der Studentenstrom versiegte freilich nicht, trotz steigender Konkurrenz renommierterer Universitätsorte wie Göttingen oder Berlin. Das sich abzeichnende Dilemma, als bayerischer Tempel der Weisheit in einer Landstadt dem Untergang geweiht zu sein, veranlaßte König Ludwig I., das universitäre „Reformexperiment Landshut" abzubrechen und die Ludovico-Maximilianea 1826 in sein Isar-Athen München zu verlegen.

Disziplin als Bildungsfaktor: Die Universität verfügte über eine Polizei mit eigener Uniform.

In der königlichen Residenzstadt wächst die altbayerische Hochschule zur Großuniversität.

Kunst und Karikatur: München als Sammelplatz von Poeten und Intellektuellen.

Joseph von Görres (1776–1848). „Lebte er nicht hier, wäre München ein gewöhnlicher Ort." Clemens Brentano.

Friedrich Wilhelm von Thiersch (1784-1860), Repräsentant von Neuhumanismus und Philhellenismus, mit seinen Söhnen.

Höchste Auszeichnung: der Maximiliansorden für Wissenschaft und Kunst.

Klassizistischer Geist in München: Universitätsplatz mit zwei römischen Brunnen und Siegestor.

Ambitioniertes Projekt mit Bildungsbauten: die Münchener Ludwigstraße.

Laetitia Boehm

Die Hochschule an ihrem endgültigen Standort: München 1826-1918

So wies Ludwig I. (1825-1848) sich selbst den Platz an: „Ich gehöre zur alten und neuen Zeit und in zwei Jahrhunderte.“ Sein Regierungprogramm setzte sich aus heterogenen restaurativen wie modernisierenden Elementen zusammen, aus denen Ludwig mit kreativer mäzenatischer Energie für Stadt und Universität München einen imposanten Aufstieg ohne generelle Verleugnung der altbayerischen Wurzeln gestaltete.

Ludwig I. erhebt München zur Metropole von Künsten und Wissenschaften.

Tragpfeiler für die Neuorientierung bildete - ähnlich wie bei Wilhelm v.Humboldts Berliner Universitätsgründung 1810 als Krönung der preußischen Reform - die Konzentration aller staatswichtigen Kulturinstitute in der Landeshauptstadt. Es galt also, mit der 1758 in München als „Gehirn des Staates“ begründeten Akademie der Wissenschaften sowie mit der jüngeren Akademie der Bildenden Künste, den Kunstsammlungen und der Hofbibliothek nun auch die älteste Landesuniversität örtlich zu vereinigen, zumal letztere in Landshut zur Mittelmäßigkeit absank; waren doch nach 1814 die bedeutendsten Köpfe abgezogen an andere Universitäten oder an Regierungsbehörden.

Sinn für Kultur und Bildung: König Ludwig I. Gemälde von W. v. Kaulbach.

Bildungspolitik als Eckstein im Regierungsprogramm des Königs.

München wird Zentrale von Kunst und Wissenschafts-Institutionen (Bibliotheken, Archiven, Schulen und Akademien).

Pläne für die Verlegung nach München wurden schon seit etwa 1750 von Reformrufern, voran von J.G.Lori, in Front gegen Militär und Jesuiten betrieben und sind nach der Landshuter Sanierung nicht verstummt. Als agilster Anwalt engagierte sich dafür der Arzt J.N.Ringseis; denn, so legte er als Reisebegleiter dem Kronprinzen Ludwig nahe, „unsere Hochschule könnte mit Wien, Göttingen, Berlin in gleiche Linie treten, wenn, aber auch nur wenn sie nach München verlegt würde".

König Max I. hatte in seinen letzten Lebenstagen seine Abneigung gegen einen studentischen Unruheherd bei der Residenz bekräftigt, indes der Medizinisch-praktischen Lehranstalt der Akademie kurzfristig Promotionsrecht erteilt: Provokation der Landshuter Universität. Der Thronfolger allerdings war der Auffassung, daß „der unentbehrliche geistige Anstoß zur Erhebung des ganzen Volkes nur von München ausgehen (kann)". Hatte er doch seit jugendlichen Jahren eine stadtplanerische Politik zum urbanistischen Ausbau der Residenzstadt entfaltet. Mit Preisausschreiben 1814 für die Errichtung der Glyptothek als erstes Antikenmuseum seiner Art in Europa berief Ludwig modernste Künstler nach München und legte so die Fundamente für seine kühne Kulturpolitik. Kein Zweifel bestand, daß eine Hochschule im „deutschen Athen" durch die nur hier erreichbare Verbindung von Wissenschaft und Kunst alle Universitäten Deutschlands hinter sich zurücklassen werde.

Berater des Kronprinzen und Königs: Johann Nepomuk Ringseis (1785-1880), Zeichnung von M. v. Schwind.

Urzelle des Klinikviertels links d. Isar: das Allgemeine Krankenhaus (1813), Sitz der Medizinisch-praktischen Lehranstalt.

Festzug zur Michaelskirche.

Als erste Künstler berief der König: Leo von Klenze (1784–1864), 1815 Hofarchitekt.

Peter von Cornelius (1783–1867), vielbeschäftigter Hofmaler.

Eduard von Schenk (1788-1841), Kultusminister (bis 1831) mit Dichtertalent: sein Drama „Belisar" wurde 1827 in Wien aufgeführt.

Festakt 1826 und die Männer der ersten Stunde.

Sogleich nach Regierungsantritt bestellte Ludwig seinen Landshuter Studienfreund Eduard v.Schenk zum Leiter des im Innenministerium neu geschaffenen „Obersten Kirchen- und Schulrats" und beauftragte ihn mit den Vorbereitungen der Translokation. Dem offiziellen Antrag (gez. von Innenminister J. L. v. Armansperg und Schenk) vom 13.4.1826 folgte sofort das königliche Bewilligungs-Signat. Zur provisorischen Unterbringung wurde der Sitz der Wissenschaftsakademie, das ehemalige Jesuitenkolleg „Wilhelminum" an der Michaelskirche, bestimmt, als Aula die Kirche des vormaligen Karmeliterklosters, das dem Herzoglichen Georgianum als erste Münchener Heimstätte dienen sollte.

Die Atmosphäre der Eröffnungsfeier am 15. November 1826 prägte Rektor Leonhard v.Dresch, Jurist, durch seine - angesichts des Metternich'schen Systems der Demagogenverfolgung - mutige Festrede: eine Preisung der Wissenschaften und der für ihre Blüte notwendigen „Freyheit des Wortes" ... „.

Einen Fackelzug der Studenten zur Residenz belohnte die Majestät mit den rasch „geflügelten" Worten: „Ein vormaliger Studierender der Ludwig-Maximilians-Universität dankt vielmal. Religion muß die Grundlage seyn und durch das Leben geleiten - Bigotte und Obscure mag ich nicht, auch keine Kopfhänger - die Jugend soll auf erlaubte Weise Fröhlich seyn".

Herrscherliche Liberalität prägt die ersten Regierungsjahre.

Freiheitliche Tendenzen und Restauration bestimmen die Neugründung der Universität.

Spürbaren Niederschlag fanden Ludwigs liberale Gesten durch Milderung der Überwachung und Anerkennung der deutschen Universitätstradition: Rückgabe des Rektor- und Senatorenwahlrechts, obgleich unter Vorbehalt königlicher Bestätigung, Wiederherstellung der Fakultätsordnung unter Absage an die immer noch diskutierte französische Fachschulidee, Stiftung neuer Amtstrachten für die nunmehr fünf Fakultäten, Verleihung einer goldenen Rektoramtskette, verbunden mit Hoffähigkeit. Von Geschichtssinn zeugt die Erlaubnis zur Renovierung der 1804 zerstörten Universitätssiegel als „Familienwappen der Korporationen". Die 1830 dekretierte Einführung des jährlichen Stiftungsfestes, das seither in der Regel (mit Ausnahme politisch bedingter Unterbrechungen) am 26. Juni gefeiert wurde, bot neben der Förderung des geistigen Wettstreits durch Verkündung von Fakultäts-Preisaufgaben und der studentischen Preisträger neue Chancen für öffentliche Bezeugung der Verbundenheit zwischen der Universität und dem Stifterhaus der Wittelsbacher.

Das renovierte Siegel der Hochschule zeigt noch Spuren der Feile.

Die neuen Amtstrachten der Fakultäten wurden von Peter Cornelius entworfen, der auch das Altarbild der Ludwigskirche schuf.

Professoren im vollen Ornat der neuen Münchener Universität.

Zugeständnisse im Rahmen des autokratischen Regierungsstils.

Auch die 1827 veröffentlichte Studiengesetzgebung als Revision der Statuten von 1814 erschien liberal. Entgegen dem Karlsbader Geist wurden Studentenvereine bedingt zugelassen und der Regent dekretierte in Hinwegsetzung über konservative Bedenken volle Lernfreiheit sowohl in den „allgemeinen Wissenschaften" (Philosophische Fakultät) als auch in den „besonderen Wissenschaften" (Fachstudien). Hinter dem innovativen Bruch mit der altbayerischen Studientradition standen als treibende Kräfte die Göttinger Studienerfahrungen Ludwigs sowie die beiden Anwälte idealistischer Philosophie und neuhumanistischer Bildung, F.W.J.Schelling und F.W.Thiersch mit ihren „Belehrungen", die als Orientierungshilfen den Lehrplan ersetzen wollten.

Die goldene Amtskette des Rektors trägt ein Medaillon mit Bildnis Ludwigs I.

Trotz königlicher Zugeständnisse blieb die Gleichstellung mit Wirkl. Kollegiatsräten bezüglich Gehalt und Siegelrecht versagt.

Die Fakultät der Staatswissenschaften erhielt die rote Farbe der Juristen.

Hochgestimmter Anspruch: Berufungen für die Geisteswissenschaften.

Friedrich Wilhelm von Thiersch (1784–1860), Philologe, Propagator des griechischen Freiheitskampfes.

Franz von Baader (1765–1841), katholischer Philosoph und Theologe.

Gotthilf Heinrich von Schubert (1780–1860), Naturphilosoph.

Die Neugestaltung der Universität ging von paradoxen Voraussetzungen aus. Einerseits sollte sie zur würdigen Besetzung „bezüglich Zahl und Beschaffenheit der Lehrer die beyden übrigen Hochschulen Bayerns, ohne letztere geistig verarmen zu lassen, weit übertreffen" (Schenk); und gemäß dem Willen des Königs sollte der Grundcharakter christlich-kirchlich positiv, nicht konfessionell geschlossen, aber gegen die Herrschaft bloßer Verstandesphilosophie gerichtet sein. Andererseits zwang der drohende Staatsbankrott zu radikaler Sparsamkeit.

Die wissenschaftspolitischen Perspektiven richteten sich primär auf die propädeutische Verantwortung der Philosophischen Fakultät; war doch zu bedenken, daß das Studium von Philosophie und Geschichte „Grundlage sämtlicher positiver Wissenschaften bildet".
Das Fünfgestirn Thiersch, Schelling, Baader, Schubert und Görres verkörperte das ideell reiche Spektrum des Münchener Beginns. F.W.Thiersch, der leidenschaftliche Prediger des Neuhumanismus, hatte als erstes „Nordlicht" aus Göttinger Schule seit 1810 im Münchener Lyceum ein Philologisches Seminar als Musterschule ausgebaut. Er entsprach kaum dem Erfordernis religiöser Positivität, galt aber als bester Kenner antiker Kultur und erwies sich durch seine Reformen des Gymnasialwesens als „Praeceptor Bavariae". 1831/32 begleitete er mit Klenze das Griechenland-Abenteuer König Ottos, um in Hellas die Bildung zu reformieren, während der Jurist G. L. v. Maurer das moderne griechische Rechtswesen begründete.
Trotz wichtiger Reformen durch bayerische Beamte und Experten wurde Otto I., Sohn Ludwigs I., als König von Griechenland 1862 abgesetzt; er starb 1867 in Bayern.

Erste Plenarsitzung in München: Anwesenheitsliste der Professoren.

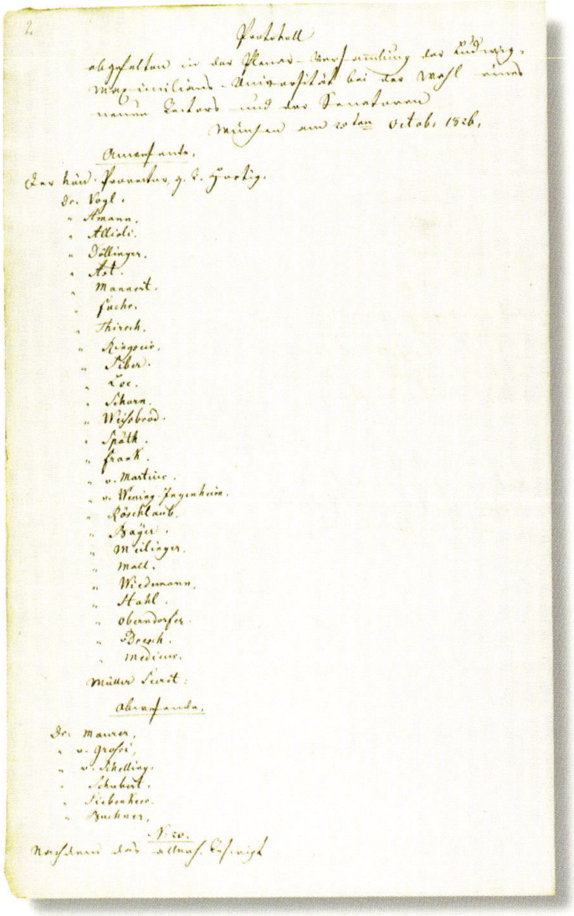

Wie anders nahm sich neben diesem Praktiker der idealistische F.W.J.Schelling aus, ebenfalls Protestant, der damals nach Hegel als Haupt der deutschen spekulativen Philosophie galt. Schon seit 1806 Mitglied der Münchener Akademie, 1820 Professor in Erlangen, befand er sich nicht zuletzt dank der Begegnung mit dem tiefsinnigen Akademiekollegen B.F.v.Baader auf dem Wege zum Konzept einer christlichen Philosophie. Daneben beeindruckte der pietistisch gesinnte G.H.Schubert, von dem der Sohn Thierschs erzählte, in seinen Vorlesungen über Naturgeschichte und Psychologie habe er „wohl die höchste dem Christen erreichbare sittliche Stufe erreicht".

Regelrechtes Aufsehen aber erregte die Gewinnung von J.Görres, dessen „Rheinischen Merkur“ (1814/15) Napoleon als „fünfte Großmacht in Europa“ bezeichnet haben soll, - inzwischen war Görres nationale und weltanschauliche Symbolfigur geworden.

Trotz der Bedenken Preußens holte König Ludwig den von Gegnern als Jakobiner oder ultramontaner Staatsopponent verrufenen, auch als Dilettant bespöttelten Publizisten aus dem Straßburger Exil. Noch weniger als Schelling, Baader und Schubert ordnete Görres sich einem fachwissenschaftlichen Rahmen ein. Er machte sich auch nicht beliebter, indem er sich von Prüfungs- und amtlichen Pflichten, „blos mechanischen Geschäften“, drückte, bis hin zur unwirsch akzeptierten eigenen Ehrenpromotion 1831.

Erst der politische Umschwung der 1830er Jahre, der unter dem Ministerium Abel den Katholizismus erneut stärkte, zwang Görres auf die Fakultätsbühne: 1838/40 konnte er sich dem mit dem Dekanat verbundenen Amt des Ephorats über die Studierenden der „allgemeinen Wissenschaften“ nicht entziehen. Umso weniger, als er sich durch seine Kampfschrift „Athanasius“ (1837) und durch Redigierung der „Historischen-politische(n) Blätter“ (1838) zusammen mit Sohn Guido als moralische Autorität des politischen Katholizismus hervorgetan hatte. Sein Heim in der Schönfeldstraße (heute Privatklinik Josephinum) wurde Treffpunkt des „Görres-Kreises“, der auch Gesinnungsfreunde aus Frankreich, wie Montalambert und Lamennais, einschloß.

Die Spannweite des Münchener Aufbruchs spiegelt sich natürlich im gesamten Lehrkörper und seiner beginnenden fachwissenschaftlichen Spezialisierung. Im Schatten Thierschs wirkte der feinsinnige Philologe und Platoniker F.Ast, dessen Kunsttheorie schon der viel später etablierten Musikwissenschaft vorarbeitete. Der Sanskritexperte O.Frank legte fachspezifische Grundlagen für die Orientalistik und war interdisziplinär eine glückliche Ergänzung zum Theologen J.F.Allioli, dem bedeutenden Bibelübersetzer. 1833 gesellte sich dazu der jüdisch-protestantische Sinologe K. F. Neumann, dem die Staatsbibliothek ihre wertvollen Ostasienbestände verdankt. Seinerzeit noch verkannt blieb J. A. Schmeller, der unermüdliche Handschriften- und Mundartenforscher, bahnbrechender Schöpfer des unersetzlichen bayerischen Wörterbuchs.

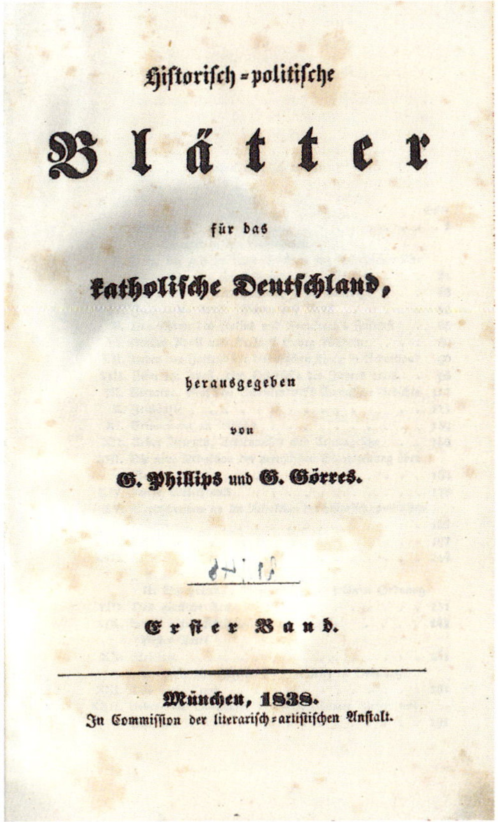

Historisch-politische

Blätter

für das

katholische Deutschland,

herausgegeben

von

G. Phillips und G. Görres.

Erster Band.

München, 1838.

In Commission der literarisch-artistischen Anstalt.

Publikations-Organ des Görres-Kreises.

Joseph von Görres (1776–1848), katholischer Publizist, Professor für „allgemeine Literärgeschichte“.

Der Philosoph Friedrich Wilhelm Joseph von Schelling (1775–1854) im Streit der Meinungen; „einen solchen Menschen erschafft Gott in tausend Jahren nur einmal.“ Allioli; „Pervers mystische Richtung“. Martius.

Johann Andreas Schmeller (1785–1852) „nur“ Honorarprofessor, Handschriften- und Mundartforscher.

Ignaz von Döllinger (1799–1890), katholischer Theologe und Historiker, Sohn des Mediziners.

Gelehrte in Theologie, Naturwissenschaft, Jura und Staatswirtschaft.

Die traditionellen Beziehungen von Philosophischer und Theologischer Fakultät blieben lebendig . Die Theologie vertrat neben Allioli der Pastoraltheologe G.Wiedemann, Direktor des Georgianum. Langzeitige Prägung erhielt die Fakultät durch den jungen I.I.Döllinger, einen Görres-Freund. Im Lehrbetrieb versiert für Kirchengeschichte, Dogmatik und Religionsphilosophie entfaltete er sich durch imponierende Wissenschaftskritik ebenso wie durch sein unerschrockenes kirchenpolitisches Engagement zu einer der markantesten Gestalten der Münchener Universität.

Verdienste um die Fachausbildung von Juristengenerationen: Hieronymus Bayer (1792-1876).

Der berühmte Brasilienforscher Karl Friedrich Philipp von Martius (1794-1868) in zeitgenössischer Karikatur.

Für die naturwissenschaftlichen allgemeinbildenden Fächer wurde der aus Jena 1819 vertriebene Physiologe L. Oken (Okenfuß), Begründer der Jahresversammlung deutscher Naturforscher und Ärzte (1822), berufen, 1832 wieder entlassen. Jahrzehntelang lehrten der solide Physiker Th. Sieber und sein Gesinnungsfreund K. F. Ph. v. Martius, späterer Direktor des Botanischen Gartens. Für die Münchener Medizin war es ein guter Griff, dem angesehenen vormaligen Direktor der Medizinisch-praktischen Anstalt F. v. Loé und dessen dortigem Kollegen Ringseis den tüchtigen Anatom I. Ch. Döllinger aus der fränkischen Hofarztfamilie an die Seite zu stellen. Und ein Glücksfall war es, 1830 den international berühmten Chirurgen und Augenarzt Ph. v. Walter für Bayern zurückzugewinnen. Die juristische Fakultät konnte mit dem Rechtshistoriker K. F. Ph. v. Maurer nur kurz brillieren; dessen Karriere verlagerte sich auf den höheren Staatsdienst. Umso bedeutsamer blieb für die Ausbildung mehrerer Juristengenerationen die Lehr-, Gremien- und auch Landtagsarbeit des Rechtsgelehrten H. Bayer.

Der Start der fünften, der Staatswirtschaftlichen Fakultät, vorerst durch den altgedienten Landwirtschafts- und Forstkundler L.W.Medicus vertreten, blieb zunächst belastet durch das Ringen um fachliche Selbstdarstellung. Der Statistiker F.B.W.Hermann bestätigte bei dem kurzfristigen Experiment einer fakultätsinternen „technischen Hochschule" seine zukunftsweisende Kompetenz für Nationalökonomie, Finanz- und Handelswissenschaften; zugleich bewährte er sich als Staatsberater für Technologiefragen und als Organisator der Industrieausstellung in München 1854, für die der Glaspalast erbaut wurde (1931 abgebrannt).

Wenngleich die Zahl der Dozenten bei Verlegung der Universität mehr als verdoppelt wurde, so mußte dennoch dem Notstand des Staatsbudgets Rechnung getragen werden. Seit 1825 erarbeitete eine ministerielle „Einsparungskommission" eine Besoldungsordnung, um die aus Montgelas' Staatsdienerpragmatik von 1805 resultierenden Personal- und Gehaltsüberhöhungen abzubauen. Die „Staatsvereinfachung" begann mit Kürzung der Ministergehälter! Eine möglichst kostenneutrale Realisierung der Universitätsmodernisierung konnte nur durch Umschichtungen im Etat gelingen: durch die Versetzung von Professoren bayerischer Universitäten oder Lyceen, vor allem aber durch die Nutzung des Staatsdienerstatus der Mitglieder der Akademie der Wissenschaften. Die Akademie wurde zum Gelehrtenverein (ohne Lehranstalt) rückverwandelt, aber nach Göttinger Modell mit der Universität in der Weise koordiniert, daß die besoldeten Akademiker zur Lehre an der Universität als „Honorarprofessoren" ohne oder nur mit geringer Bezahlung verpflichtet wurden.

Beeindruckende Erfolge der Technik: Konstruktion des Münchener Glaspalasts.

Angespannte Staatsfinanzen machen den Sparplan eines „Normalstatus" notwendig.

Die Zugehörigkeit des akademischen Rüstzeugs wird geregelt.

Sammlungen, Bibliotheken und Instrumente werden für die Lehre verfügbar gemacht.

Überdies erklärte das Dekret vom 21.März 1827 - das kulturpolitisch wohl grundlegendste jener Ära - die 1807 der Akademie zugesprochenen Attribute (Central-Bibliothek sowie mineralogische, zoologische, ethnographische, polytechnische Sammlungen, das Cabinet der physikalischen und mathematischen Instrumente, Münz-Cabinet, Antiquarium, die Sternwarte in Bogenhausen, chemisches und anatomisches Theater) zum „Staats- und National-Gut", beließ hingegen die von Landshut übernommenen Attribute der Universität (Bibliothek, Sammlungen, Apparate und Cabinette) als deren Eigentum. Sowohl Staats- wie Universitäts-Sammlungen sollten hinfort der Lehre dienen. Eine Ausnahmeverfügung betraf die 1816/17 gebaute Sternwarte „bey Bogenhausen", die erst J. Lamont bei Ernennung zum Ordinarius der Astronomie an der Universität auch der Lehre zuführte.

Blick ins All: Der große Refraktor von 1835, vom Optiker J. Fraunhofer geschaffen, ist noch heute brauchbar.

Diente zunächst rein wissenschaftlichen Beobachtungen, da „wegen Entfernung von der Stadt" für den Unterricht selten benutzbar: die Sternwarte in Bogenhausen, 1816/17 erbaut.

Staatliche Sparpolitik und Personalstruktur der Hochschule.

Das März-Dekret von 1827 bestimmte die organisatorische Trennung von Staats- und Universitätsbibliothek. Zur Gesamtverwaltung der Staatssammlungen, die künftig teils der Betreuung durch Lehrstuhlinhaber oblagen, wurde ein „General-Conservatorium" als Behörde geschaffen: eine zukunftsträchtige Neuorganisation, die sich auch ad hoc für den Staatshaushalt lohnte. Über die Ernennung zum Generalkonservator und hochdotierten Akademiepräsidenten konnte Schelling in Personalunion für beide Ämter gewonnen werden. Aus diesem Organisationsmodell erklärt sich das Netzwerk von Nominal- und Nebenfächern, die seinerzeit komplizierte Besoldungsstruktur der Universität mit nur wenigen „echten" Berufenen neben einer Vielzahl von Konservatoren, Bibliothekaren, Archivaren.

Prekär blieb das Existenzproblem für Privatdozenten, auf deren Eignung als „Pflanzschule der Universitätslehrer" Fakultäten und Staat zwar Wert legten, die jedoch weder als Staatsdiener noch als Mitglieder der Korporation galten.

Die Habilitationsordnung von 1842 ignorierte die Besoldungsfrage. Der Mineraloge Franz von Kobell faßte „die Noth der Privatdocenten" in ein Gedicht.

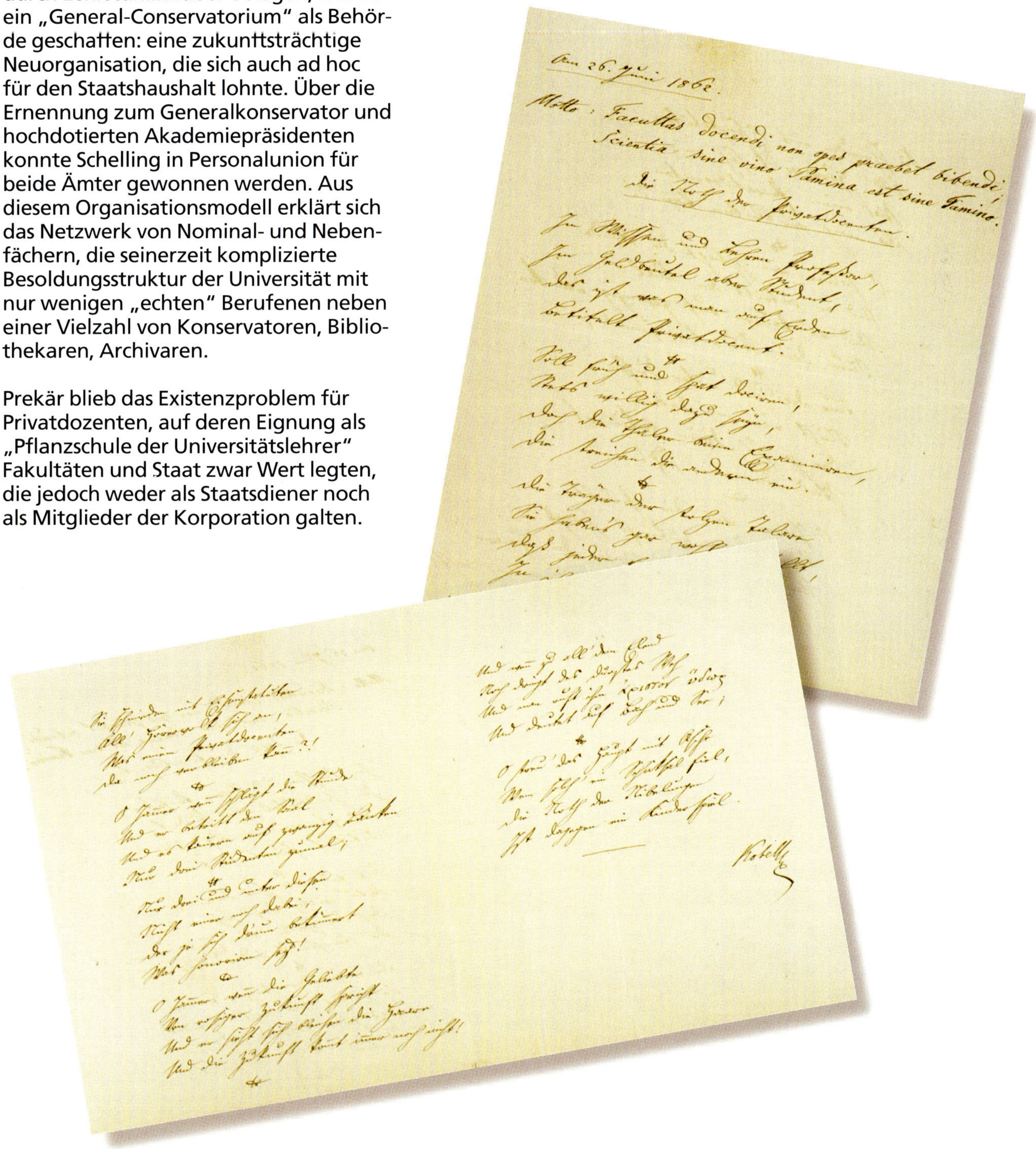
Am 26. Juni 1862.

Motto: Facultas docendi non quod praebet bibendi,

Kobell

Bewährung in revolutionärer Unruhe.

Der konservative Wandel hat Konsequenzen für Studiengesetzgebung und Berufungspolitik.

Als die Pariser Julirevolution 1830 Europa in politische Unruhe versetzte, stand die zum geistigen Vorort Bayerns bestimmte Universität im Rahmen der mit Berlin und Wien wetteifernden Großstadt München vor ihrer ersten Bewährungsprobe.

In den politischen Krisensituationen wuchsen neuartige Solidaritäten zwischen Studenten und Bürgern, während das Verhältnis zwischen König und Landtag in schärferen Wind geriet; radikalliberale Abgeordnete, vornehmlich aus neubayerischen Gebieten, handelten sich Maßregelungen durch den König ein. Minister Schenk wurde gestürzt.

Die vergleichsweise harmlosen Münchener Dezemberunruhen 1830 beantwortete der Herrscher, der sein Vertrauen in die Jugend mißbraucht sah, in Überreaktion durch eine kurzzeitige Schließung der Universität. Von nun an beobachtete der Regent mit Argwohn die zunehmenden Symptome von Radikalisierung in Studenten- und Dozentenkreisen, - so 1832 auf neubayerischem Boden beim Hambacher Fest, dann beim Frankfurter Wachensturm 1834. Die verbotene Münchener „Germania" propagierte die Vereinigung von Studenten und Bürgern in revolutionären Clubs.

Repräsentant der katholisch-konservativen Reaktion: Karl von Abel, Minister des Innern von 1837–47.

Johann Adam Möhler († 1838) kam aus Tübingen. Sein dogmenvergleichendes Buch „Symbolik" (1832) wirkte damals konfessionstrennend, heute gerühmt als ökumenisches Zeugnis.

Wappen bayerischer Korporationen.

Idylle in aufgeregten Zeiten: Studentenausflug aufs Land. Laut Satzung wurde längere Entfernung vom Universitätsort durch Karzerstrafe geahndet.

Im Rahmen strafferer Ordnung werden wiederum die „allgemeinen Wissenschaften" zum Experimentierfeld.

Der konservative Wandel in Ludwigs Regierungsstil zeitigte für seine Universitätspolitik ambivalente Folgen. Seit 1832 erfolgten Maßnahmen zur Disziplinierung der Studenten durch erneute Verstärkung des Überwachungssystems und des Leistungsdrucks mittels Zwischen- und „Strafprüfungen". Eine Verkürzung der Studienzeit von 5 auf 4 Jahre wurde 1838 revidiert, weil sie auf Kosten der „allgemeinen Wissenschaften" (des Biennium von 2 Jahren) ging.

Auch im Lehrkörper der Ludovico Maximilianea wurde der Wandel staatlicher Bildungspolitik spürbar, obwohl König Ludwig sich nach wie vor ausdrücklich als „Beschützer und Förderer wahrer Religiosität" und als „des protestantischen wie des katholischen Fanatismus...entschiedener Gegner" bekannte und in den 30er Jahren Ernennungen von Professoren beider Konfessionen und sogar unterschiedlicher politischer Couleur vornahm.

In die Universitätslehre einbezogen: Treppenaufgang des Neubaus der Bayerischen Hof- und Staatsbibliothek.

Architekturprojekt in kühnen Dimensionen: die Ludwigstraße.

Unberührt von der politischen Wende kam der Universität die anhaltende Bauleidenschaft Ludwigs I. zugute, freilich bei ebenso konstanter strenger Sparpolitik, die zuvörderst die Staatsdiener betraf. Der Aufbruch des Altstadtgürtels nach Norden hin mit der schon 1822 getauften Ludwigstraße als Achse für die Neubauten - die Kirche St.Ludwig, die Bildungsinstitute Staatsbibliothek, Landesblindenanstalt, Universität, Georgianum und Erziehungsinstitut für Höhere Töchter - war die kühnste, zugleich umstrittenste Planung des Königs. Unbeirrt durch Kritik, auch seitens der Professoren, betrieb der König, gutachterlich unterstützt durch Thiersch, die Grundsteinlegung des Gebäudekomplexes, die an seinem 46.Geburtstag bei strömendem Regen stattfand.

Steinerne Repräsentanten der Weisheit vor dem Portal der Bayerischen Staatsbibiliothek.

Der Architekt Friedrich von Gärtner (1792–1847) schuf die Feldherrnhalle und die Bauten an der Ludwigstraße.

„Ich habe einen Wittelspacher Kopf, nicht von Eisen, sondern von Stahl, der nicht nachgibt", entgegnete Ludwig I. den Kostenbedenken des Magistrats.

Die Ludwigstraße: Raum für die Verdichtung der ludovizianischen Neubauten.

Der neue Universitätsbau sollte mit einer Aula für 600 bis 1000 , mit Hörsälen für 50 bis 300 Personen und mit verschiedenen Kabinetten (Instituten) den provisorischen Sitz in der Akademie wesentlich übertreffen. Eine Standortverlagerung der Kliniken, des Botanischen Gartens und der Sammlungen war jedoch nicht vorgesehen.

Für die architektonische Ausführung der Ludwig-Prachtstraße überging Ludwig I. seinen Hofbauintendanten und beauftragte Klenzes jüngeren Rivalen, den Fischer-Schüler F.Gärtner, dessen aus der Frührenaissance entlehnte Formensprache ihm nun als die modernere erschien. Die Vollendung des Siegestores erfolgte wenige Jahre nach Gärtners Tod unter den Augen des abgedankten Königs.

Am 8ten Juli dem Geburtsfeste Ihrer Majestaet der
Koenigin THERESE von Bayern
im Jahre des Heils 1837,
dem zwölften der glorreichen Regierung Seiner Majestaet des
Koenigs LUDWIG von Bayern
wurde nach den Anordnungen Seiner Majestaet des Koenigs
dieser Grundstein des
Erziehungshauses für Toechter aus den hoeheren Staenden
gelegt durch den Architekten des Baues
Friedrich von Gaertner
unter der Zeugschaft

Bei dem Baue war verwendet unter Leitung des Architekten
als Baukondukteur Georg Freiherr von Stengel.
Dieses Gebäude wird aus den der Erziehungsanstalt von ihrem
Königlichen Beschützer zugewiesenen Mitteln aufgeführt

Abdruck vom Grundstein (Steinlithographie) des Erziehungsinstituts für Höhere Töchter gegenüber der Universität (heute „Haus des Rechts").

Integraler Bestandteil der Ludwigstraße: das 1840 vollendete Hochschulgebäude.

Durch herrscherlichen Mut realisierte Ludwig I. den Aufbruch des Stadtgürtels nach Norden. Allerdings war die Utopie vom „lateinischen ... Land" (Thiersch) nicht voll zu verwirklichen.

Der Thronfolger: Maximilian II. (1848-1864): „Ich bin stolz, Mich einen constitutionellen König zu nennen" (Thronrede vor den Ständen). Zeitgenössische Photografie.

1847/48 Revolution in München und die Abdankung des Monarchen.

Die deutsche Revolution hatte in München ihr eigentümliches Vorspiel durch Verkettung mit dem skandalösen Auftauchen der schönen „Fremden" Lola Montez, die Ludwig I. in ihren Bann zog und Staat, Stadt und Universität in Atem hielt. Die dadurch provozierten Parteiungen lösten einen wahren Erdrutsch in fast allen Regierungsämtern aus und forderten auch unter den Professoren der Universität Entlassungen: Dem Sturz des Ministers Abel folgte die Quieszierung fast aller Mitglieder des Görreskreises.

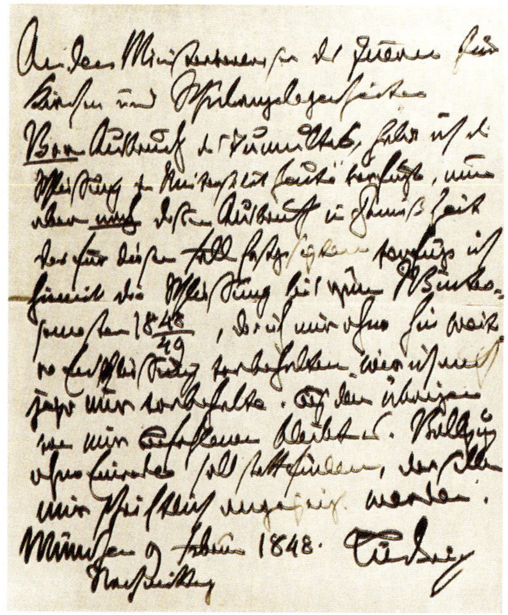

Per Handbillett verfügte Ludwig I. 1848 die Schließung der Universität.

Flugblatt zu den Februarereignissen 1848.

Die Tänzerin Lola Montez alias Gräfin Landsfeld, Mätresse Ludwigs I., schürte das Mißtrauen des Königs gegen „Ultramontane". Die Studentenverbindung Alemania war ihre Leibgarde.

Den Auftakt zur Münchener Februar-März-Revolution gab Ludwigs I. Befehl vom 9.2.1848 zur Schließung der Universität und sofortigen Ausreise auswärtiger Studenten. Auf Protestdruck der Bürger verstand sich der König zu gewissem Nachgeben bereit. Aber die Nachrichten vom Pariser Thronsturz wandelten den Münchener „Familienzwist" zur politischen Revolution. Königliche „Märzproklamationen", Ministerentlassungen, Indigenatsentzug für die mittlerweile entschwundene Lola Montez mündeten in die Abdankung des im Selbstgefühl verletzten Monarchen am 19. 3. 1848.
„Regieren konnte ich nicht mehr, einen Unterschreiber abgeben wollte ich nicht. Nicht Sklave zu werden wurde ich Freiherr."

Mitten in der deutschen Revolution fiel so Maximilian II. die Krone zu; er selbst empfand sie als „Dornenkrone". Seine Regierungszeit überwachten die kritischen Augen des abgedankten Vaters.

Die Deutsche Revolution und politische Tendenzen an der Hochschule.

Auf verschiedenen universitären Ebenen setzte sich das Ringen um Lehr- und Lernfreiheit fort. In München formierten sich progressive Studentengruppen zu einer „Repräsentantenversammlung" zwecks Erkämpfung politischer Vertretung in den Universitätsgremien (was erst 1920 erreicht wurde). Radikalere Töne schlugen die seitens der Jenenser „Germania" zum „zweiten Wartburgfest" nach Eisenach einberufenen Studentenversammlungen an. Das Pfingst-Studentenparlament unter dem Präsidium des Münchener Jurastudenten Elias Lang, genannt der „kleine Gagern", verabschiedete eine programmatische Eingabe an die Nationalversammlung.

Im Herbst folgte ein „Organisationsentwurf für die deutschen Universitäten". Die Forderungen nach Umwandlung der Universitäten zu Nationalanstalten, Abschaffung von Länderprinzip und Sondergerichtsbarkeit, von Fakultäten, Prüfungen und Kolleggeldern etc. atmeten geistige Nähe zur Denkschrift linksextremer Dozenten über die Gründung einer Zentral-Universität.

Zur Versammlung deutscher Universitätslehrer im September 1848 in Jena wurden auf Anordnung König Maximilians II. je fünf Delegierte der drei bayerischen Landesuniversitäten entsandt. Nachdem die politisch gespaltene Nationalversammlung am 28.3.1849 gegen ein preußisches Erbkaisertum gestimmt und damit das Scheitern des Parlaments eingeleitet hatte, erhob die Münchener Studentenschaft zwar nochmals die Stimme für eine Beschwörung der Reichsverfassung unter schwarz-rot-goldener Flagge, jedoch hatte die Universitäts-Politisierung den Höhepunkt überschritten.

Stellenwert der Wissenschaftspolitik für das bayerische Nationalbewußtsein.

Das studentische Freicorps München 1848.

Als Erbe der Revolutionsjahre blieb die wechselseitige Angleichung der deutschen Universitäten mit größerem Spielraum für Lehr- und Lernfreiheit unter dem Schutz der monarchischen Länderkonstitutionen. In der Folge wurde die Wissenschaftspolitik mit dem Ziel der Erhebung Bayerns zum kulturellen Kristallisationskern in einem großdeutschen Reich zu einem wesentlichen Aspekt der Trias-Politik von Max II., nach der Bayern als dritte Macht im Deutschen Bund neben Österreich und Preußen rangieren sollte.

Abgeordneter in der Paulskirche: Jakob Philipp Fallmerayer (1790-1861), einst Berater des Kronprinzen in den „Hohenschwangauer Gesprächen".

Befürworter einer freien akademischen Zentraluniversität: der spätere Münchener Philosophieprofessor Moritz Carriére.

Königliche Bildungspolitik im Widerstreit des Konflikts um die „Nordlichter".

Ohne Bruch mit der ludovizianischen Tradition fand Max II. zum eigenen Stil der Kulturförderung. So unterschiedlich auch Anlagen und Temperamente von Vater und Sohn waren, programmatische Kulturpolitik blieb dominant: die impulsive Kunstleidenschaft wurde abgelöst vom Wissenschaftsoptimismus des Thronfolgers.

Seit Kindheit war er verwiesen auf Geschichtskenntnis, die er als „ganzer Student und nicht bloß studierender Kronprinz" in Göttingen und Berlin 1829/31 bei Heeren, Dahlmann, Raumer und Ranke erweiterte und bei seinem Privatlehrer Schelling ab 1835 philosophisch vertiefte. Sein Regierungsstil blieb geformt durch stetes Sammeln von Kenntnissen über Innovationen auf allen Gebieten. Alle Entscheidungen stützten sich auf abwägende Prüfung mittels Gutachten und Ratschlägen seitens Experten.

Freund und Ratgeber Maximilians II.: Historiker Leopold von Ranke (1795–1886) in Berlin.

Der Berater des Königs: Wilhelm Doenniges, Schüler Rankes, in München verrufen als Karrierist, leitete eine aufsehenerregende Neuorientierung der königlichen Kulturpolitik ein.

Der silbergetriebene Pokal mit Figuren der Meister der Fakultäten symbolisiert den Wissenschaftsglauben des Königs.

Münchener Lokalkonflikte von nationaler Bedeutung für das Profil der Universität.

Gleichwohl entbehrte die Wissenschaftspolitik nicht der Widersprüche. Trotz der politisch konservativen Grundhaltung gegen Hegemoniegelüste Preußens versuchte der König das bayerische Nationalgewicht durch geistige Ressourcen norddeutscher Provenienz zu heben. Diese Berufungspraxis löste heftigen Widerspruch aus, da ohne Kostenscheu einheimische Aspiranten, zumindest anfangs, zugunsten „ausländischer" Koryphäen benachteiligt wurden.

Unter den rund 135 von der Regierung eingestellten Hochschullehrern – bis 1856 waren es schon 55 Neuberufungen – befanden sich so klangvolle Namen wie die des Schweizer Juristen Bluntschli, des Chemikers J. Liebig, des rheinländischen Kulturhistorikers und Begründers der Volkskunde W. H. Riehl, des Philosophen M.Carrière, des Anatomen und Liebig-Freundes Th.W.Bischoff aus Hannover, jedoch auch von Wissenschaftlern süddeutscher Herkunft, wie des Physikers G.S.Ohm, des Chirurgen C.Th.E.v.Siebold aus der Würzburger Medizinerfamilie, des Hygienikers M.Pettenkofer, oder des aus Oberbayern gebürtigen, antiklerikalen Philosophiehistorikers C.Prantl, aber auch die 1847 entlassenen Görres-Anhänger, wie Döllinger und der Philosoph E. v. Lasaulx, wurden rehabilitiert.

Die seit Neuordnung des Staates um 1800 eingerissene Kluft zwischen den im Feindbild als „Ultramontane" eingestuften Einheimischen und den „Fremden" verschärfte sich in den 1850er Jahren im Konflikt um die „Nordlichter".

Satire als Form der Kritik: der „Nordlicht-Kalender" von 1860.

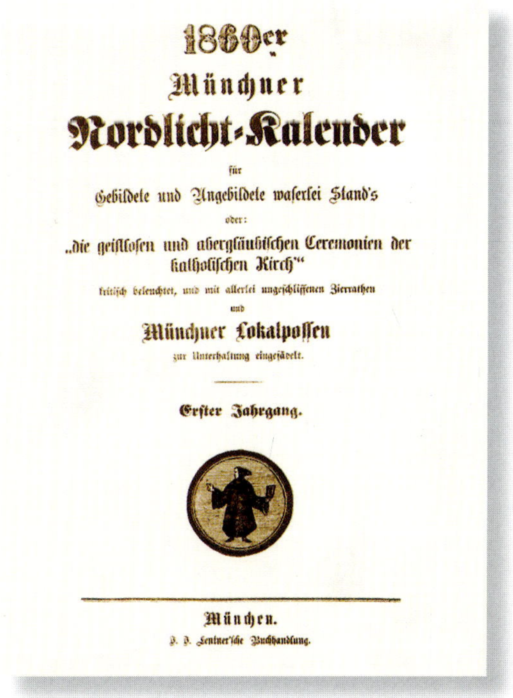
1860er
Münchner
Nordlicht-Kalender
für
Gebildete und Ungebildete waserlei Stand's
oder:
„die geistlosen und abergläubischen Ceremonien der katholischen Kirch"
kritisch beleuchtet, und mit allerlei ungeschliffenen Zierrathen
und
Münchner Lokalpossen
zur Unterhaltung eingefädelt.
Erster Jahrgang.
München.
J. J. Lentner'sche Buchhandlung.

Publizistischer Kampf zwischen altbayerischem Konservativismus und kulturprotestantischer Mentalität.

Der berühmte Schweizer Staatsrechtler Johann Kaspar Bluntschli (1808-1881); Großmeister der Freimaurer.

Er erhielt zusätzlich Nahrung durch die Stiftung des Hoffähigkeit verleihenden „Maximiliansorden für Wissenschaft und Kunst" 1853, da unter den Erstgeehrten - Liebig wurde Vorstand des Ordenskapitels - den Nordlichtern deutliches Gewicht zukam. Auch die seit 1854 bezeugten wöchentlichen Symposien in der Residenz, zu denen König Max Literaten und Gelehrte lud, um sich über Fortschritte und den Zeitgeist zu informieren, räumten der neuen „geistigen Aristokratie" undurchschaubare Schlüsselpositionen ein.

Ein origineller Kopf der „Münchener Dichterschule": Felix Dahn (1834–1912).

„Der König will und wird alles für die Bildung der Jugend im freien, wissenschaftlichen Sinne, im protestantischen Geist, tun". W. Doenniges.

Prominente Gelehrte und die Förderung der historischen Wissenschaft.

Einige Berufungen zeitigten spektakuläre Öffentlichkeitswirkung, so das Kommen des Chemikers J.Liebig aus Gießen dank Vermittlung Pettenkofers und großzügigster Angebote. Seine Vorträge im Hörsaal des für ihn neben seinem Privathaus errichteten Laboratoriums wurden zum gesellschaftlichen Ereignis. Als nicht minder privilegiert galten die Häupter der „Münchener Dichterschule". E.Geibel, 1852 zum Professor für Literatur und Ästhetik ohne Lehrdeputat ernannt, und der schreibfreudige P.Heyse, später erster deutscher Nobelpreisträger für Literatur, der Orientalist F.Bodenstedt, kurzfristig berufen zum Honorarprofessor für Slawische Sprachen, der Hoftheaterintendant F.v.Dingelstedt sowie dessen Protegé F.Dahn, der im Jahr seiner Habilitation für Deutsches Recht 1857 das Mammutwerk „Ein Kampf um Rom" begann, nicht zuletzt der Kunstmäzen A. F. Graf v. Schack.

Zentrales Anliegen war dem König die Geschichtswissenschaft. Nach vergeblichen Bemühungen um verschiedene herausragende Gelehrte kam es 1856 zur Berufung der Rankeschüler H. v. Sybel und C.A. Cornelius. Als epochemachende Innovation, die München zum Zentrum der Geschichtswissenschaft erhob, erwies sich die „Commission für deutsche Geschichts- und Quellenforschung" (Kgl.Gründungsstatut vom 26.11.1858), eine Art Fachakademie frei gewählter Historiker zur Bearbeitung großer nationaler Quelleneditionen (u.a.der Deutschen Reichstagsakten) im Rahmen der fächerübergreifenden Bayerischen Akademie der Wissenschaften. Gründungspräsident (1858-1886) war Ranke, erster Sekretär Sybel. Zu den ersten 18 Mitgliedern zählten die Münchener Professoren G. Th. v. Rudhart, Cornelius, Löher, Döllinger, G. L. v. Maurer.

Waschechter Münchener: Franz von Kobell (1803–1882), als Mineraloge weltbekannt, als Mundartdichter Verfasser des Theaterstücks vom „Brandner Kaspar".

Der Schriftsteller Emanuel Geibel (1815–1884) fiel bei Ludwig II. in Ungnade.

Der Chemiker Justus Liebig als Zauberdoktor in einer zeitgenössischen Karikatur.

Häupter der Dichterschule in „Ferrara – Weimar an der Isar". Von links: Geibel, Heyse, Kobell. Karikaturen von Franz Graf Pocci.

Man traf sich bei den Königssymposien, in Heyses Kaffeehaus-Club der „Krokodile" oder in Privatsalons.

Der Aufstieg der Geschichte zugleich als Berufswissenschaft basierte auf der Sonderstellung Sybels und seines Lehrstuhlnachfolgers Giesebrecht neben C. A. Cornelius. 1857 schuf Sybel das Historische Seminar als neuen Typ einer staatsunmittelbar dotierten akademischen Einrichtung, mit dessen beiden Abteilungen sich Forschung und berufsbezogene Lehre verbanden.

Der wachsende Anspruch staatlichen Berechtigungswesens in vielen Zweigen des öffentlichen Lebens, die Ausweitung der sozialen Funktionen für Gesundheitswesen, Gesetzgebung, Beamten- und Lehrerbedarf lenkte die Universität auf den Weg neuer Organisationsformen. Daß Maximilians Pragmatismus das Gebot der Stunde für die Geltungssteigerung akademischer Berufsbildung erkannte, bezeugt nicht zuletzt seine Stiftung des Maximilianeum (1852): Als Vorschule für den höheren Staatsdienst sollte sie hochbegabte Absolventen aus den damals 28 Gymnasien Bayerns fördern. Welchen Wert der König seiner aus Privatmitteln gesicherten und zur Vermögensverwaltung der Universität übertragenen Studienstiftung beimaß, bekundet noch heute der 1872 vollendete Monumentalbau als krönender Blickfang der Maximilians-Achse am jenseitigen Isarufer. Ludwig II. sanktionierte die Satzung der Stiftung.

Stiftung Maximilianeum: wissenschaftspolitisches Vermächtnis von Maximilian II. Nach 1945 zog der Landtag als Untermieter der Stiftung ein.

Das Jubiläum der Universität bietet die Gelegenheit zur Demonstration akademischen Selbstbewußtseins.

400-Jahr-Feier der Hochschule: Ovationen für Magnifizenz Ignaz Döllinger.

Jubiläumsfeier 1872 in internationalem Glanz.

Als erste deutsche Hochschule im Kaiserreich beging die Ludovico Maximilianea ihr Stiftungsfest 1872. Der 73jährige Jubiläumsrektor I.Döllinger, wegen seiner kirchenpolitischen Distanz zum I.Vatikanischen Konzil damals profilierteste Figur der deutschen Theologie, gestaltete die vierte Säkularfeier zum beeindruckenden Bekenntnis der selbstbewußt gewordenen Alma Mater als Glied übernationaler Beziehungen: in den vier weltlichen Fakultäten (ohne Theologie) erfolgten 33 Ehrenpromotionen renommierter Persönlichkeiten aus Wissenschaft, Kunst und Wirtschaft, darunter auch des Auslandes, wie u.a. der amerikanische Mineraloge James Dwight Dana, der Geschichtsdenker Lord Acton, die Repräsentanten englischer Wirtschafts- und Sozialreformen Gladstone, John Stuart Mill und Graf Shaftesbury.

Die Festaufführung von Richard Wagners „Lohengrin" im Nationaltheater unter Anwesenheit Ludwigs II., den „donnernde Rufe" begrüßten, signalisierte die neue Ausrichtung königlicher Kunstgesinnung.

Karl von Prantl (1820-1888), damals Vorstand des Universitätsarchivs, schrieb im Auftrag des Senats die grundlegende Geschichte der Universität.

Internationale Beziehungen in der Wissenschaft: Jubiläumsrektor I. Döllinger mit dem englischen Sozialreformer Gladstone (oben) und Ehrenpromotion Gladstones (rechts).

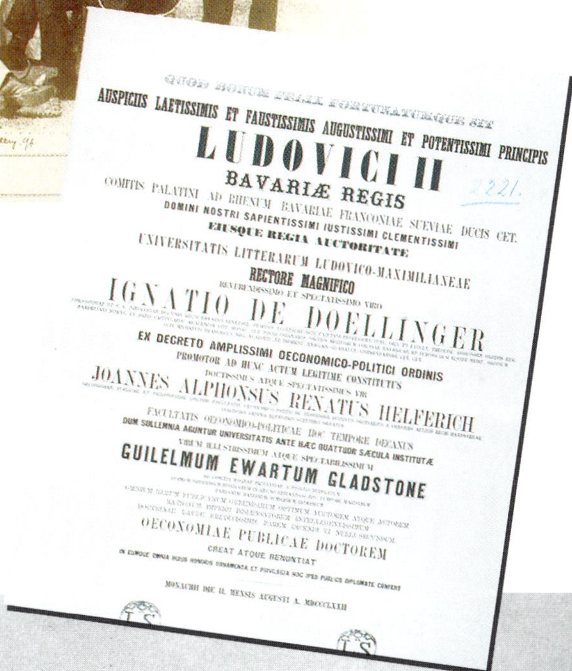

QUOD BONUM FELIX FORTUNATUMQUE SIT
AUSPICIIS LAETISSIMIS ET FAUSTISSIMIS AUGUSTISSIMI ET POTENTISSIMI PRINCIPIS
LUDOVICI II
BAVARIÆ REGIS
COMITIS PALATINI AD RHENUM BAVARIAE FRANCONIAE SUEVIAE DUCIS CET.
DOMINI NOSTRI SAPIENTISSIMI IUSTISSIMI CLEMENTISSIMI
EIUSQUE REGIA AUCTORITATE
UNIVERSITATIS LITTERARUM LUDOVICO-MAXIMILIANEAE
RECTORE MAGNIFICO
REVERENDISSIMO ET SPECTATISSIMO VIRO
IGNATIO DE DOELLINGER
EX DECRETO AMPLISSIMI OECONOMICO-POLITICI ORDINIS
PROMOTOR AD HUNC ACTUM LEGITIME CONSTITUTUS
DOCTISSIMUS ATQUE SPECTATISSIMUS VIR
JOANNES ALPHONSUS RENATUS HELFERICH
FACULTATIS OECONOMICO-POLITICAE HOC TEMPORE DECANUS
DUM SOLLEMNIA AGUNTUR UNIVERSITATIS ANTE HÆC QUATTUOR SÆCULA INSTITUTÆ
VIRUM ILLUSTRISSIMUM ATQUE SPECTABILISSIMUM
GUILELMUM EWARTUM GLADSTONE
OECONOMIAE PUBLICAE DOCTOREM
CREAT ATQUE RENUNTIAT
IN EUMQUE OMNIA HUIUS HONORIS ORNAMENTA ET PRIVILEGIA HOC IPSO PUBLICO DIPLOMATE CONFERT
MONACHII DIE II. MENSIS AUGUSTI A. MDCCCLXXII

Der Historiker Heinrich von Sybel (1817-1895), aus München 1861 vertriebenes Nordlicht, sprach das Grußwort aus Bonn im Namen der deutschen Universitäten.

Darstellung des Festumzugs durch die Straßen der Stadt mit Präsentation der Stiftungsurkunde.

Wachsende Sicherheit in der Finanzierung der Universität.

Steigende staatliche Verpflichtungen verdrängen ältere Formen der Finanzierung.

Der Regierungswechsel 1864 eröffnete eine neue Ära der Universität, getragen von den Konsequenzen der maximilianeischen Anstöße. Auch unter den Regierungen Ludwigs II. (1864-1886) und des Prinzregenten Luitpold (1886-1912) erlitt die mäzenatische Gesinnung des Hauses Wittelsbach keine prinzipielle Einbuße, obwohl Ludwigs persönliche Neigungen sich anderen ästhetischen Objekten zuwandten.

Das Prestige der Wissenschaften als zentrale Zivilisationsfaktoren, mitgetragen vom Interesse der Bevölkerung, mußte nicht mehr besonders legitimiert werden. Staat und Landtag standen in der moralischen Pflicht, sich der Entwicklungsdynamik anzupassen.

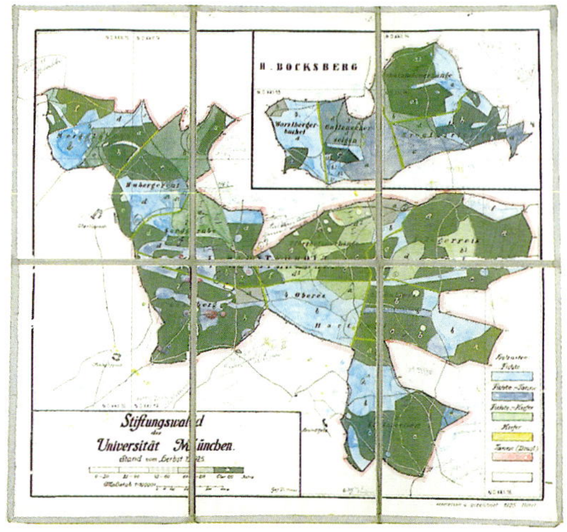

Lageplan des teils aus Säkularisationsgut stammenden Universitätswaldes.

Das bedeutete konkret Steigerung der Staatszuschüsse für Universitätszwecke, die gemäß Budgetrecht der Volksvertretung im Etat ausgewiesen sein mußten, was die ältere Form stiftungsähnlicher Fondsfinanzierung verdrängte. Obwohl die 1815 der Universität zurückgegebene Eigenverwaltung des Körperschaftsvermögens (bis 1970 durch den Verwaltungsausschuß) unangetastet blieb, hatten seit 1800 private Stifterinitiativen - mit Ausnahme solcher des Herrscherhauses - stagniert, so daß das universitäre Vermögen, abgesehen von geringen Erträgnissen aus Grundbesitz (z.B.dem „Universitätswald"), schmolz. Seit Jahrhundertmitte sind wieder private Vermächtnisse mit echter Nothelferfunktion zu registrieren, wie Ausbildungsstipendien oder Starthilfen für einzelne Institute und Seminare, jedoch die Schere zwischen Staats- und Universitätsfinanz klaffte weiter und erhöhte die Staatsabhängigkeit der Hochschule.

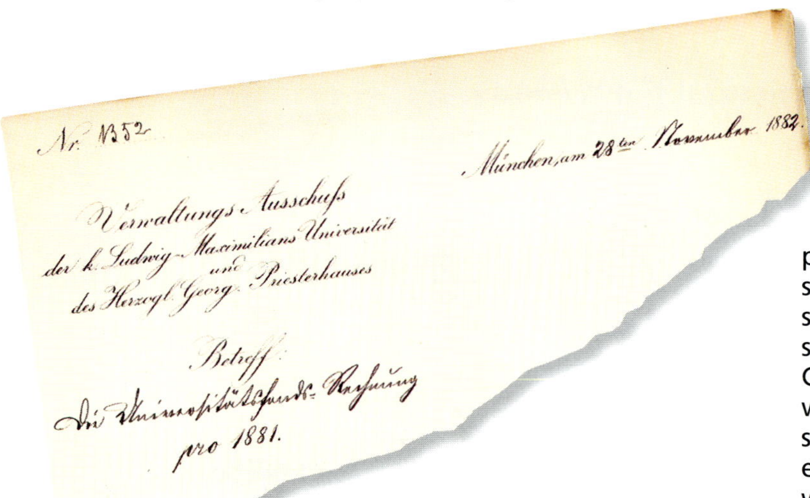

Nr. 1352

München, am 28ten November 1882.

Verwaltungs-Ausschuß der k. Ludwig-Maximilians-Universität und des Herzogl. Georg. Priesterhauses

Betreff: Die Universitätsfunds-Rechnung pro 1881.

Der Verwaltungs-Ausschuß aus 4-5 gewählten Professoren fungierte von 1816 bis 1970 (Ablösung durch den Haushaltsausschuß) zur Verwaltung des Körperschafts- bzw. Stiftungsvermögens der Universität. In den eineinhalb Jahrhunderten amtierten insgesamt 64 Mitglieder.

Ausgaben der Universität:

	Gesamt	davon Eigenmittel
1816-1824	63 266 fl.	55 266 fl.
1837	104 000 fl.	83 000 fl.
1876	620 000 Mark	226 000 Mark
1919	3 115 000 Mark	619 000 Mark

Die Immatrikulation von König Ludwig II. (1864–1886) mit Porträtbild.

Durch Stiftung des Ludwig-Stipendiums für Geschichtsstudenten im Rahmen der Säkularfeier 1872 setzte der König ein Zeichen.

Neuartige Wechselwirkungen von Theorie und Praxis sprengen den traditionellen Rahmen der Wissenschaft.

Universitäts-Ausbau in den Gründerjahren.

Seit den sprichwörtlichen „Gründerjahren" erfolgte ein rasanter Spezialisierungsprozeß der Fachwissenschaften. Symptomatisch war schon die Teilung der Philosophischen Fakultät 1865 in zwei Sektionen unter gemeinsamem Dekan (1937 in zwei Fakultäten). Die Zahl der Studierenden, nach 1851/2 durch Kriege und Choleraepidemien eingebrochen, erlebte ab 1876 einen steilen Anstieg bis zu rund 4 600 Studenten um 1900 und rund 7 000 zu Kriegsbeginn 1914.

Mitbedingt durch gesamtdeutsche Anerkennung der Prüfungen traten Juristen und Mediziner in Führung. Die Differenzierung alter und Ausformung neuer Disziplinen, Gründung von Lehrstühlen, Kliniken, Instituten und Seminaren, der Weg der Universität zum „Großbetrieb" bedingte auch einen implosionsartigen Strukturwandel, der greifbar wird im quantitativen Zuwachs von Extraordinarien und Privatdozenten sowie des wissenschaftlichen Personals (Assistenten, Adjunkten, Prosektoren) bei bleibendem Verantwortungsmonopol der Ordinarien. Die sprunghafte Veränderung des Fortschritts in Forschung und Lehre hat von zwei Polen her das moderne Eigengesicht der Münchener Universität geprägt: Medizin und Naturwissenschaften sowie Geisteswissenschaften.

Das Gebärhaus in der Sonnenstraße, 1853/56 (1920 Postscheckamt) im typischen Maximiliansstil.

Der eine Pol, Medizin und experimentelle Wissenschaften, hat tiefgreifend und auch sichtbar das Münchener Stadtleben und -bild verändert. Revolutionäre Entfaltung diagnostischer und therapeutischer Methoden sowie die Erfindung medizinisch-technischer Instrumente bewirkten Umwälzungen ungeheuren Ausmaßes im sozialen Alltag und öffentlichen Gesundheitswesen.

Baudatum 1905/8: das neue Anatomische Institut.

Außenansicht und Operationsraum der Chirurgischen Klinik, 1891.

Vom Kern des alten städtischen Krankenhauses „links der Isar" aus expandierte um das Sendlingertor das Universitäts-Klinikviertel, angefangen mit Erweiterungs- und Neubauten: 1855 das Physiologische Institut, 1853/56 das Gebärhaus in der Sonnenstraße, 1900 ergänzt um einen Bau für die Hebammenschule, 1874 das Pathologische, 1878 das Medizinisch-Klinische, 1879 das Hygienische Institut, 1891 die Chirurgische Klinik, 1893 das Pharmakologische Institut; um die Jahrhundertwende gefolgt von weiteren großen Klinikbauten, so für Psychiatrie, Augenheilkunde, Zahnmedizin. 1905/8 entstand der imponierende Kuppelbau der neuen Anatomie, bei Kriegsbeginn die I.Frauenklinik; außerhalb des Klinikviertels entstand 1908 der Neubau der vormals privaten Orthopädischen Klinik in Harlaching. Die Überschneidung von Kompetenz-Verhältnissen zwischen Stadt und Staat bzw. deren Entflechtung dauerte noch bis in die 1950er Jahre.

Bahnbrechende Errungenschaften der Medizin beschleunigen die Entwicklung in allen Fachbereichen.

Das Krankenhaus für Augenheilkunde, um 1900.

Neubau des Physiologischen Instituts 1855.

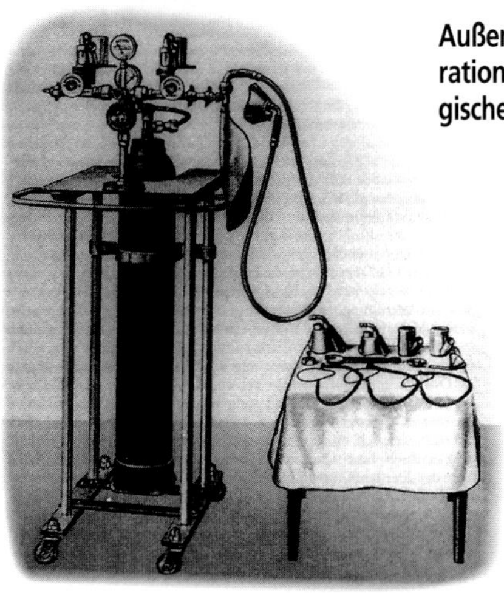

Narkose-Gerät um 1900.

Überragende Pionierleistungen der modernen Medizin in München.

Innenansicht: Treppenaufgang der Poliklinik München.

Theoretische Forschung und praktische Anwendungen ergeben die heilkundliche Systematik.

Die „Münchener Medizinische Schule" brillierte durch Persönlichkeiten, deren Namen hier nur exemplarisch genannt werden können: K.v.Pfeufer, dessen „rationelle Medizin" die Ringseis-Ära ablöste, sein Schüler J.Lindwurm, Spezialist für Typhus und Syphilis, M.v.Pettenkofer, Genius der experimentellen Hygiene in Deutschland, auf dessen Kampf gegen die Choleraepidemien die Kanalisation der Stadt München zurückgeht, neben dem vielseitigen Zoologen und Physiologen C. Th. v. Siebold und C.v.Voit, Begründer der Ernährungswissenschaft, der die Physiologie verselbständigte, des weiteren der um die Tuberkuloseforschung verdiente Pathologe L.v.Buhl, der Virchow-Schüler H.v.Ziemssen, dessen modernes klinisches Forschungsinsti-

Max von Pettenkofer (1818–1901), seit 1853 Professor für medizinische Chemie, schuf die Grundlagen der modernen Hygiene.

Die Poliklinik der Uni München: Neubau 1910.

tut einen Wendepunkt der Diagnostik einleitete, der Chirurg J.N.v.Nußbaum, mit dessen antiseptischer Wundbehandlung die Ära der großen Bauchoperationen begann, der Augenchirurg A.v.Rothmund, schließlich E.Kraepelin, maßgeblicher Initiator der 1917 in München etablierten Deutschen Forschungsanstalt für Psychiatrie (später Max-Planck-Institut). Nicht zuletzt genannt sei F.v.Müller, der Generationen von Klinikern ausbildete; sein „Taschenbuch der medizinisch-klinischen Diagnostik" erreichte in seinem Todesjahr (1941) die 50.Auflage!

Besondere Erwähnung verdient die Poliklinik. Schon 1843 nach königlichem Willen eingeführt, verdankte der poliklinische Unterricht (medizinischer, chirurgischer, pädiatrischer usw.) seinen Aufstieg einer Stiftung des zuletzt in Augsburg wirkenden Arztes und früheren Landshuter Professors Franz Reisinger. Durch Initiative des Poliklinik-Vorstandes F.Seitz wurde 1863 aus der Schenkung ein Anwesen in der Sonnenstraße erworben, wo immerhin u.a. zwei Krankenzimmer mit je 3 Betten, eine Leichenkammer, sogar ein Stall für Versuchstiere Platz hatten. Bis 1910 war das Reisingerianum, das jährlich mehr als 40 000 Kranke behandelte, auf 8 Polikliniken angewachsen. Als anderes Stiftungsexempel sei erwähnt das Dr.-von-Haunersche-Kinderspital: die von dem praktischen Arzt August Hauner 1846, kurz vor seiner Habilitation, gegründete Wohltätigkeitsanstalt, die zur Krönung seines Lebenswerks 1882 einen Neubau am Goetheplatz bezog, wurde 1886 der Universität angegliedert.

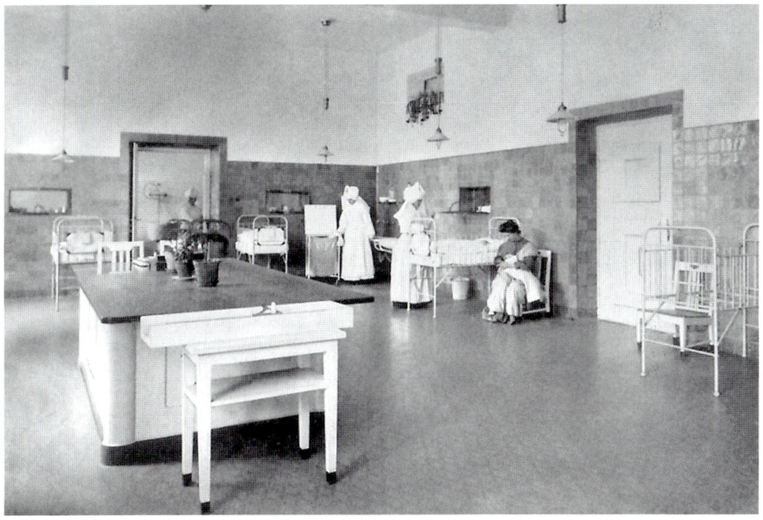

Das Dr.-von-Haunersche-Kinderspital am Goetheplatz, 1882, mit Blick in den Säuglingssaal.

Pettenkofer-Brunnenhaus in München-Thalkirchen – zur Sanierung der städtischen Wasserversorgung.

Koryphäen der „Münchener Medizin-Schule" – heute größtenteils auf Straßenschildern verewigt.

Der Physiker Arnold Sommerfeld (1868–1951) formulierte die Theorie der Feinstruktur der Spektrallinien und der Röntgenstrahlen.

Rapide Fortschritte in der Entwicklung der Naturwissenschaften.

Vielfältige Wechselwirkungen bestanden zwischen medizinischen und naturwissenschaftlichen Disziplinen. Letztere gehörten größerenteils rechtlich zu den Staatlichen Sammlungen und Anstalten als vormalige Akademie-Attribute unter Leitung von Professoren, die zunehmend ihre Geltung aus der Stellung als Lehrstuhlinhaber bezogen. So wuchsen die Sammlungs-Fächer (wie Mineralogie, Paläontologie, Geologie, Prähistorie, Botanik, Zoologie) zunehmend in die Universität herein.

Genannt seien etwa die Direktoren des alten und des neuen Botanischen Gartens C.Nägeli und K.v.Goebel; mit letzterem war der Umzug aus der Innenstadt nach Nymphenburg verbunden. Zugleich hat Goebel als hochrenommierter Botaniker zusammen mit seinem jahrzehntelang lehrenden Lehrstuhl-Kollegen für Zoologie R.v.Hertwig München zum internationalen Zentrum biologischer Forschung geprägt. Das dem Generalkonservatorium unterstehende Chemische Laboratorium (1937 der Universität rechtlich eingegliedert) hatte an der Sophienstraße nach spektakulärem Auftakt ein stilles Dasein gefristet, bis der 1873 zur Nachfolge Liebigs berufene A.v.Baeyer das Institut mit Abteilungen für organische und anorganische Chemie ausbaute und in Kontakt mit der Industrie zum weltberühmten Forschungs- und Lehrzentrum erhob, aus dem mehr als 50 künftige Hochschullehrer hervorgingen. Für sich spricht, daß Baeyer und sein Nachfolger R.Willstätter den Nobelpreis für Chemie erlangten (1905 bzw. 1915).

Physiologische Chemie wurde auch im älteren universitätseigenen Pharmazeutischen Institut betrieben. Die seit 1822 als Nominalfach im Rahmen der medizinischen Fakultät unter den Professoren Vater und Sohn J.A. und L.A.Buchner ausgewiesene Pharmazie mündete in eine neue Etappe unter A.Hilger, der wie seine Vorgänger aus dem Apothekerstand herkam. 1896/7 siedelte das nun zur II.Philosophischen Sektion gehörige Institut aus den 1840 zugewiesenen Räumen des Universitätsgebäudes über in einen Anbau des Botanischen Museums, 1915 ins Gesamtgebäude an der Karlstraße 29. Die angegliederte staatliche Untersuchungsanstalt für Nahrungs- und Genußmittel gewann im Zusammenhang der Reichs- und bayerischen Lebensmittelgesetzgebung (seit 1894 Einführung einer Prüfung für Nahrungsmittelchemiker) unter der Direktion Hilgers zunehmende Bedeutung für die Bevölkerung.

Forschungs- und Wirtschaftsgebäude des Neuen Botanischen Gartens im Stadtteil Nymphenburg.

Einzelaspekte hochspezialisierter Methoden.

Das 1753 begründete Physikalische Kabinett war 1840 in den Ludwigs-Bau eingezogen, wo Ph.Jolly zusammen mit dem Mathematiker Ph.L.v.Seidel 1856 ein Mathematisch-Physikalisches Seminar einrichtete (1922 institutionelle Trennung) und bald vom zweckbestimmt gebauten Aulaturm aus seine Gravitationsmessungen zur Erdwägung durchführte. Trotz energischer Suche nach geeigneten Bauplätzen - gegen die Plazierung am Alten Botanischen Palmengarten protestierten die Münchener Künstler - und trotz Ungunst der Lage wegen Magnetfeldstörungen durch den Straßenbahnverkehr blieb es beim alten Standort durch Erweiterungsbau 1892/4 am Hauptgebäude. Hier wirkte 1900-1920 W.C.Röntgen nach der noch in Würzburg gemachten Entdeckung der X-Strahlen, die ihm den Nobelpreis für Physik (1901) einbrachten.

Ein Glücksfall für die Fortentwicklung von Röntgens Forschungen zum Durchgang der Elektrizität durch Kristalle war 1906 die Berufung von A.Sommerfeld, der dank Stiftungshilfen (u.a. von Anschütz-Kämpfe) 1909 das Institut für Theoretische Physik begründete, apparativ ausbaute und im Kontakt mit dem Dänen Nils Bohr der Atomphysik einen Weg bahnte, während sein Privatdozent M.Laue sich 1912 durch Entdeckung der Wellennatur der Röntgenstrahlen in der Kristallstruktur (Laue-Diagramm der Interferenzen) für einen Ruf nach Zürich und als nächster Physik-Nobelpreisträger aus der Münchener Schule profilierte.

Das Chemische Laboratorium Liebigs, in dem Adolf von Baeyer die Formel für Indigo-Blau fand, erlangte Weltgeltung.

Werbeplakat für Röntgengeräte aus dem Jahr 1902.

Physik, Mathematik, Chemie. Wachsende Profilierung der einzelnen Fächer.

Kugel zur Bestimmung der Erddichte diente den Experimenten des Physikers Philipp von Jolly.

Baulicher Glanz der Jahrhundertwende: Lichthof der Universität.

Erweiterung des Hauptgebäudes: Zentrum von Hörsälen und Seminaren.

Waren Medizin und Naturwissenschaften in verschiedenen Stadtteilen „wie Krebsgeschwülste" expandiert, so erfolgte der Aufstieg der Geisteswissenschaften vorerst im Umkreis des Schwabinger Hauptgebäudes, das die Raumbedürfnisse nicht annähernd befriedigen konnte. Dem von der Physik gewiesenen Beginn von Erweiterungsbauten folgte 1897/8 die Verlängerung des Nordflügels an der Adalbertstraße und 1905/9 im Anschluß an den Bau Gärtners die architektonische Meisterleistung des Neutraktes mit Lichthof und Auditorium Maximum zur Amalienstraße hin. Die westliche Eingangsfassade, flankiert durch zwei urprünglich für die Kelheimer Befreiungshalle bestimmte Monolithe mit Allegorien der „Wahrheit" und des „Siegs der Wissenschaften", brachte dem Bauassessor German Bestelmayer Ruhm ein. Das vergrößerte Universitätsgebäude beherbergte nun 41 statt 15 Hörsäle und 60 Räume für Seminarzwecke.

Perfektion bis ins Detail: Laterne in der Zentralhalle.

Die Etablierung von neuen Spezialfächern fand organisatorischen Ausdruck in „Seminaren" (im Doppelsinn von Lehrveranstaltung und wissenschaftlicher Einrichtung analog zu den „Instituten" experimenteller Disziplinen) mit Präsenzbibliothek, Arbeitsraum, staatlich zugewiesenem Sachetat, bald auch mit Assistenten. Nicht immer stand die ministerielle Bewilligung schon am Anfang; teils dienten Professorenwohnungen und private Bücher den Übungen und bildeten Bibliotheksschenkungen den Grundstock des Seminars.

Theologie und Jura – zwei traditionelle Fakultäten im Umbruch.

Die Einrichtung von Seminaren fördert die fachspezifische Lehre.

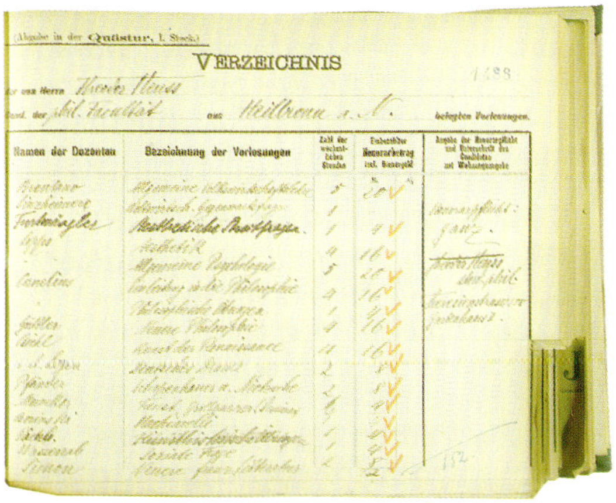

VERZEICHNIS

der von Herrn Theodor Heuss

Stud. der phil. Facultät aus Heilbronn a. N. belegten Vorlesungen.

Namen der Dozenten | Bezeichnung der Vorlesungen

Vom Studenten zum Staatsmann: Belegblatt von Theodor Heuss.

In der Theologischen und der Juristischen Fakultät, von jeher strukturiert durch obligatorischen Studiengang, überwogen Fakultätsseminare. 1864 genehmigte das Kultusministerium ein Homiletisches Seminar unter Leitung des Georgianum-Direktors als Ordinarius der Pastoraltheologie. Die staatliche Förderung des von A.Knöpfler seit 1886 betriebenen Kirchenhistorischen Seminars, das er selbst durch jährliche Stipendien für seine Studenten stützte, bedurfte zäher Bemühungen bis zur Gewährung einer finanziellen Basis 1912. Indes eröffnete die Theologische Fakultät 1905 mit ministerieller Genehmigung das Biblisch-Exegetische und das Kanonistische Seminar.

Monolithen-Figur „Sieg der Wissenschaften".

Die Errichtung des ersten Juristischen Seminars 1881 war einem Stiftungslegat (von H.Hofmann + 1877) zu verdanken; die „streng wissenschaftlichen Übungen" bezogen sich zunächst auf Strafrecht und Rechtsgeschichte, deren germanistischen Zweig seit 1892 als dominierende Autorität K.v.Amira, Begründer der Rechtsarchäologie, vertrat.

Mit Berufung von L.Wenger, Schüler des Romanisten H.Mitteis, rückte 1909 daneben das damals für Deutschland einzigartige Seminar (1923 umbenannt in Institut) für Papyrusforschung als Zentrum antiker vergleichender Rechtsgeschichte, 1916 gefolgt vom Institut für Rechtsvergleichung unter Direktion des Mitteis-Schülers E.Rabel. Das Staatswissenschaftliche Seminar verdankte sich der Berufung des Nationalökonomen Lujo Brentano 1892; der „Kathedersozialist", damals schon einer der profiliertesten Sozialpolitiker des Kaiserreichs, war ein brillianter Redner und Lehrer, zu dessen Schülern u.a. Theodor Heuss zählte.

Kapazität für germanische Rechtsgeschichte: der Jurist Karl von Amira (1848-1930).

Der Nationalökonom Lujo Brentano (1844–1931).

Westeingang des Hauptgebäudes an der Amalienstraße mit zwei Monolithen.

Ludwig Traube (1861-1907) Begründer der Mittellateinischen Philologie. Das Forschungsfach hat heute Weltruf.

Engagement für ein Spezialfach: der Byzantinist August Heisenberg (1869-1930).

Wirkte weit über sein Fachgebiet hinaus: der Schweizer Kunsthistoriker Heinrich Wölfflin (1864–1945).

Philosophische Fakultät: Philologien als Großfächer und als Orchideenfächer.

Eine Seminargründungswelle prägte vor allem die seit 1865 verselbständigte Sektion I der Philosophischen Fakultät. Vorreiter waren die lehrerbildenden Disziplinen: das Thiersch'sche Philologische Seminar, dem seit 1863 der Gräzist W.Christ und ab 1880 der Latinist Eduard Wölfflin, Hauptinitiator des lexikographischen Projekts „Thesaurus Linguae Latinae", hohes Ansehen verliehen, 1858 das Historische Seminar, das in Nachfolge Giesebrechts durch K.Th.v.Heigel, 1904 Akademiepräsident, repräsentiert wurde, für dessen Freund und Kollegen S.v.Riezler 1898 endlich auch die Bayerische Geschichte zum Ordinariat erhoben wurde. Ein eigenes Seminar für Alte Geschichte begründete 1900 R.Pöhlmann in Anlehnung an die Altphilologie.

Im Gefolge eines gesamtdeutschen Aufrufes der Weimarer Deutschen Shakespeare-Gesellschaft 1865 zur Errichtung von Lehrstühlen für englische und französische Sprache sowie im Zuge der bayerischen Schulreformen wurde 1876 das Seminar für Neuere Sprachen und Literatur geschaffen; K.Hofmann, 1856 als Germanist in Nachfolge Schmellers berufen, lehrte darin Altromanistik und H.W.Breymann vertrat den neusprachlichen Fachverbund in didaktischer Ausrichtung. Mit den Berufungen von H.Paul 1893 und F.Muncker 1896 institutionalisierte sich das Seminar für Deutsche Philologie. 1912 emanzipierte sich die Anglistik aus der gemeinsamen Wiege. Die Romanistik gewann seit 1911 durch K.Voßler über die engere positivistisch-philologische Methode hinaus neue Dimensionen als geisteswissenschaftliche Disziplin.
Neben den Brotstudien, künftigen „Massenfächern", waren es aber vor allem die hochspezialisierten „kleinen Fächer", die der Münchener Fakultät ihr unverwechselbares Gesicht verliehen.

Als beispielhaft für den hohen persönlichen Einsatz, den forscherliche Innovation zuweilen gegenüber politischer und behördlicher Kurzsichtigkeit aufbringen mußte, sei hier die Byzantinistik angeführt, Schöpfung des Christ-Schülers K.Krumbacher: nach Abfuhr durch den Landtag wegen geringer Frequenz des noch befremdlich wirkenden Faches gewährte die Universitätskasse den erbärmlichen Jahreszuschuß von 100 Mark; erst dank Finanzierung aus mäzenatischen Stiftungen u.a. seitens der griechischen Staatsregierung sowie der Triester Gemeinde erlangte das Seminar für mittel- und neugriechische Philologie 1898 ministerielle Genehmigung; 1909 vermachte ihm Krumbacher seine Spezialbibliothek, so daß sich das Seminar unter seinem Nachfolger A.Heisenberg, übrigens dem Vater des Physikers, als Treffpunkt von Forschern aus aller Welt und Pflanzschule des Byzantinistik-Nachwuchses für alle deutschen Universitäten bewährte.

Weitere philologische Seminare folgten: 1905 für orientalische Sprachen mit arischer und semitischer Abteilung, 1906 für lateinische Philologie des Mittelalters als Schöpfung von L. Traube, 1909 für Indogermanische Sprachwissenschaft, 1911 für Slawische Philologie.

Der Philosophieprofessor Georg von Hertling (1843–1919), vertauschte das Ordinariat mit den Staatsämtern als Ministerpräsident und Reichskanzler.

Der Kulturhistoriker Wilhelm Heinrich von Riehl (1823-1897, 1885 Direktor des Bayerischen Nationalmuseums, betreute 1894 die Habilitation Sandbergers für das künftige Fach Musikwissenschaft.

Kulturwissenschaften, Philosophie und Pädagogik.

Im Umkreis der Altphilologie etablierten sich kulturwissenschaftliche Disziplinen: die Archäologie hatte ebenso wie die Kunstgeschichte eine Wurzel im Antikensaal (Abgußsammlung) der 1803 vom Kurfürsten für die Universität Landshut erworbenen Kupferstichsammlung. Mit Hilfe einer Spende des Historikers C.A.Cornelius erstand 1887 das Archäologische Seminar, untergebracht in der offiziell bestätigt wurde und seit 1912 unter der Leitung von H.Wölfflin, Sohn des Altphilologen, Weltrang erlangte. Von 1909/10 datierte die Errichtung des Lehrstuhls und Seminars für Musikwissenschaft unter Leitung von A.Sandberger.
Auch im Bereich der Philosophie griff die Seminarorganisation Platz: Bemühungen von Stumpf, der 1893 einem Ruf nach Berlin folgte, mündeten in die Errichtung eines Psychologischen Seminars 1894. Das Philosophische Seminar, von G. v. Hertling seit der Berufung 1882 angestrebt, realisierte sich 1912 unter C.Baeumker. Die Institutionalisierung

Typischer Seminarraum: Arbeitsraum mit Bibliothek für Klassische Philologie.

Galerie am Hofgarten. Durch moderne Methoden der Kopienkritik und Meisterforschung sowie Ausbau der Lehrmittel mit Photosammlung erfuhr es unter der Leitung von A.Furtwängler, dem Vater des Dirigenten, seit 1894 spektakulären Auftrieb, und zwar in engem Konnex mit dem Kunsthistorischen Seminar, das erst 1909, jedoch unter ausdrücklicher Bestätigung schon längerer Existenz, der Pädagogik als „philosophische" Universitätsdisziplin und ihr methodischer Standort zwischen Altphilologie, experimenteller Psychologie und schulorientierter Praxis war heftigst umstritten; sie blieb ein Politikum auch nach Ernennung des Lehrstuhlinhabers F.W.Foerster 1913/14, so daß die Seminargründung sich nicht allein kriegsbedingt verzögerte.

Die Aufgliederung der Fächer führt zur Ausbildung eigener Wissenschaftszweige.

Geowissenschaften.

Buchstäblich „zwischen den Stühlen" der philosophischen Fakultätssektionen entfalteten sich die Geowissenschaften; wie Zoologie, Botanik, Mineralogie waren sie ein Kind der Naturgeschichte, für welche Ludwig I. den Konservator der Zoologischen und paläontologischen Sammlung, G.H.Schubert, mit Lehrauftrag zugleich für Anthropologie berufen hatte; dieser Zweig bewährte sich als Münchener Spezialität. Der medizinische Privatdozent J. Ranke, Neffe des Berliner Historikers und zufällig Schuberts Enkel, erhielt 1869 das nun von der allgemeinen Naturgeschichte abgetrennte Extraordinariat und wurde 1886 Ordinarius als erster Inhaber eines Lehrstuhls für Anthropologie in Deutschland.

Leitete Expeditionen nach Grönland und in die Antarktis: der Geograph Erich von Drygalski (1865–1949).

Ranke schuf eine prähistorische Sammlung, die er zunächst als Teil der von K. A. v. Zittel seit 1865 konservatorisch geleiteten paläontologischen Staatssammlung verstand. 1902 begründete er eine eigene anthropologisch-prähistorische Sammlung mit Schädeln aus bayerischen und europäischen Funden, bereichert um die Schenkungen der Prinzessin Therese von Wittelsbach aus ehemaligen deutschen Kolonien, 1912 ergänzt durch ein Seminar (Institut), dem er seine Privatbibliothek vermachte. Auch die Geographie, seit langem nebenamtlich als Länderkunde gelehrt, etablierte sich als eigenständige Disziplin seit der Schaffung einer ao.Professur 1892 in der Sektion I und ministerieller Bewilligung eines Geographischen Seminars 1899; aber erst seit Berufung des renommierten Südpolforschers E. v. Drygalski 1906 auf den in der Sektion II errichteten Lehrstuhl für Geographie florierte das „Institut", dessen Umbenennung 1920 auch Ausdruck war für den soziologischen Wandel der Studierenden, die sich vorher vorwiegend aus historisch-sprachlichen, nun auch aus naturwissenschaftlichen Fächern rekrutierten.

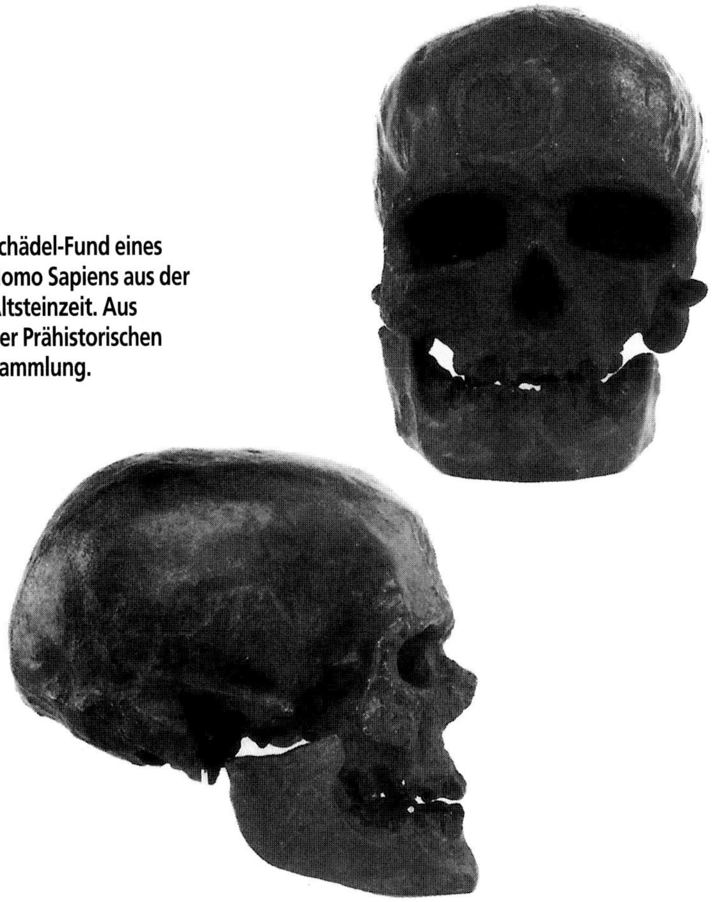

Schädel-Fund eines Homo Sapiens aus der Altsteinzeit. Aus der Prähistorischen Sammlung.

Akademisierung von Fachschulbildung.

Verwundert es, wenn der atemberaubende Aufbruch der Universitätswissenschaften wie ein Sog auf praktische Berufszweige zum Antrieb von Akademisierungsansprüchen wirkte, verflochten mit sozialem Prestigestreben? In Aufrufen oder auf der Ebene gesamtdeutscher Kongresse kämpften Ingenieure, Forstwirte, Tierärzte immer lautstärker um Gleichstellung von Fachschul- und Universitätsbildung und Verwissenschaftlichung der Berufsstudien. Der Weg führte entweder über Etablierung von Fachhochschulen (z.B. der Technischen Hochschule, der Akademie der Bildenden Künste, der Musikhochschule in München) oder Integration weiterer Ausbildungszweige in die Universität. Letzteren wählten in Bayern Forstleute und Tierärzte.

Forstwissenschaft.

Zwar gehörte Forstkunde schon zu den Kameralfächern der Ingolstädter Universität, aber die Ausbildung der Anwärter für den Staatsforstdienst erfolgte an der 1790 in München begründeten, 1802 nach Weihenstephan verlegten Forstschule, seit 1819 an der Kgl. Central-Forstlehranstalt in Aschaffenburg, während die Staatswirtschaftliche Fakultät ab 1859 einen zusätzlichen Kurs für die Anwärter höherer Laufbahnen (1821 Prüfungsordnung) durch den ehrenpromovierten Professor K. F. Roth anbot.

Nach 1870 war die Neuorganisation des Forstwesens nicht mehr aufzuhalten, gefördert durch den unter dem Pseudonym „Sylvius" publizierten Reformappell des Försters A. Ganghofer. 1878 wurde das Hauptstudium für Forstakademiker an die Münchener Universität verlegt, jedoch vorerst unter Belassung des Grundstudiums in Aschaffenburg (Auflösung erst 1910), was die Studiendauer verlängerte. Die Staatswirtschaftliche Fakultät erhielt mehrere Lehrstühle und berief ausgewiesene Forstwissenschaftler, u. a. K. Gayer. Angestoßen durch den Verein deutscher Versuchsanstalten entstand gleichzeitig im Garten südlich des Universitätsgebäudes die staatliche Forstliche Versuchsanstalt mit mehreren Abteilungen (ab 1924 „Instituten") für Bodenkunde, Forstbotanik, Angewandte Zoologie usw. unter Leitung der Fakultätsprofessoren. Der 1899 an der Amalienstraße errichtete Neubau diente der Forstwissenschaft bis zum Umzug nach Weihenstephan 1992.

Gebäude der Forstlichen Versuchsanstalt in der Amalienstraße.

August Ganghofer (1827-1900), der spätere Vorstand der Bayerischen Staatsforstverwaltung, erhielt ein Denkmal im Roman seines Sohnes Ludwig als Forstmeister „Ehrenreich".

Ernst Ebermayer (1829-1908) war ab 1878 Ordinarius für Agrikulturchemie, Bodenkunde und Klimatologie sowie Vorstand der Forstlich-Meteorologischen Stationen Bayerns.

Bibliotheksstempel ab 1811/12 (oben) und seit 1814 (unten).

Die Veterinärmedizin: Aufstieg zur Universitäts-Fakultät.

Die Tiermedizin, ebenfalls aus den Kameralwissenschaften entlassen, hatte ihre erste Ausbildungsstätte 1790 in der durch den Ingolstädter Professor A.Will begründeten Münchener Tierarzneischule am Englischen Garten, die 1810 zur Central-Veterinärschule für das Königreich Bayern erhoben worden war. Seit Jahrhundertmitte führte das Bestreben der bayerischen Tierärzte, ihr Berufsansehen zu heben, zur Neuorganisation der Schule durch Modernisierung der klinischen Methoden im Anschluß an den Wissensstand der Medizin.

Als Fachprofessoren lehrten bedeutende Humanmediziner, wie u.a. der Pathologe O.Bollinger mit internationalem Ruf durch seine Arbeiten über Tierseuchen, oder J.Feser, der 1875 eine Therapeutische Versuchsstation als erste ihrer Art einrichtete. Anläßlich der Säkularfeier 1890 mündete die Akademisierung in die offizielle Bestätigung des Hochschul-Status; 1892 stellte eine Order des Prinzregenten die Professoren der Tierärztlichen Hochschule nach Rang und Uniform den Universitätsprofessoren gleich.

Bei der fachlichen Entwicklung übernahm die Humanmedizin die Vorreiterrolle.

Institute und Kliniken der Tiermedizin, Ansicht von Südwesten um 1930.

Stempel nach der Akademisierung 1890 (oben) und von 1914 -18 (unten).

Das Promotionsrecht als Kern der Anerkennung.

Die Anerkennung des Abiturs als Studienbedingung 1902 ebnete den Weg zum Promotions- und Habilitationsrecht 1910: Dem in München erkämpften Grad des Dr.med.vet. folgten die anderen deutschen Staaten. Erster Träger dieses Prädikats honoris causa wurde Prinz Ludwig von Bayern, der spätere König Ludwig III. Nach dem Vorgang Schweizer Tierarzneischulen (Bern, Zürich 1900/01) erreichte die Hochschule schließlich nach Zustimmung des Senats kraft Ministerialentschließung vom 1.10.1914 die Eingliederung als Fakultät in die Universität München. Der stolze Neubau des Klinikkomplexes an der Königinstraße war schon 1896/1902 entstanden.

Am Beispiel Tiermedizin wird der Aufstieg der Fachwissenschaften besonders deutlich.

Neubau der Chirurgischen Klinik der Tierärztlichen Fakultät, 1896/1902.

Eingangstor zum Hof der Tierärztlichen Kliniken. Aquarell um 1890.

Der Operationssaal in der Tierärztlichen Chirurgie.

Bibliotheksstempel der Central-Tierärztlichen Schule aus dem Jahr 1852.

Anschlag am Schwarzen Brett: Titelblatt der Werbeschrift zur Bismarck-Gedenkfeier 1915, vorbereitet von der deutschen Studentenschaft unter Mitwirkung des Münchener Ordinarius (seit 1913) Erich Marcks.

Eintritt ins 20. Jahrhundert.

Um die Jahrhundertwende - auf dem Höhepunkt ihrer Geltung - revitalisierten sich an der Universität die seit 1848 schwelenden hochschulpolitischen Reformkomplexe um korporative Autonomie und um Interessenvertretung der Gruppen. Zuerst formierte sich, ausgehend von der Leipziger „Finkenschaft", eine freistudentische Bewegung mit idealistischen Zielen einer Verbesserung der rechtlichen und sozialen Situation der Nichtkorporierten, bald auch vermengt mit sozialistischem Gedankengut. Ihre Petitionen an den akademischen Senat 1900/02 lösten Debatten um die Satzungen für Studierende von 1891 aus und erwirkten 1913 vorerst eine hinhaltende Revision des Vereins- und Versammlungsrechtes; erst 1918 bewilligte der Senat den provisorischen Satzungsentwurf für die Bildung eines Allgemeinen Studentenausschusses zwecks künftiger studentischer „Gesamtvertretung" im Senat.

Zwischen den ersten Münchener AStA-Wahlen Dez. 1918 und der gesetzlichen Sanktion lag der revolutionäre Umbruch zur Weimarer Republik. Studentische Aktivitäten standen auch hinter den 1906/7 in München eingerichteten Arbeiterfortbildungskursen sowie der Begründung des Akademisch-sozialen Ausschusses 1914 unter Fritz Beck, womit bereits die Richtung gewiesen war für Selbsthilfeorganisationen der Nachkriegszeit.

Einsatz der Studenten für Selbstbestimmung und die Wahrnehmung eigener Rechte.

Gleichzeitig regten sich erneut Stimmen zur Reform des inzwischen durch die Vielzahl von Habilitationen angewachsenen Nichtordinarien-Problems. Zielte die Gründung eines Deutschen Hochschullehrertages 1907 unter maßgeblicher Beteiligung L.Brentanos primär auf Abwehr partei- und kirchenpolitischer Einengungen der Wissenschaftsfreiheit, so erwachten damit auch standespolitische Gruppeninteressen, die sich in regionalen Dozenten- und Nichtordinarienverbänden fortsetzten. Das Kultusministerium reagierte 1913 durch Verfügung der Aufnahme von Nichtordinarien in die „weiteren Fakultäten".

Die Situation während des Ersten Weltkrieges.

Vor Ausbruch und während des ersten Weltkrieges, in dem mehr als zwei Drittel der Studentengeneration an der Front standen, bekannten sich die deutschen Hochschulen loyal zum Reich, was durch Einführung offizieller Reichsgründungsfeiern zum Ausdruck kam. Das generell verschärfte parteipolitische Klima war in Bayern zusätzlich verflochten mit Verfassungsdebatten anläßlich des Regentenwechsels nach dem Tod Prinzregent Luitpolds (12.12.1912) und Regierungsantritt König Ludwigs III.

Die Universität, durch Professoren differenter Richtungen in den publizistischen Kriegszieldebatten vertreten, sah sich insonderheit durch den „Fall Foerster" herausgefordert. Die politischen Predigten des 1913 vom Ministerium im Alleingang ernannten Pädagogik-Professors stellten erneut den Problemkreis der Lehrfreiheit auf die Probe: seit 1916 geriet Foerster wegen publizistisch und

Pionier der Pädagogik: Friedrich Wilhelm Foerster (1869–1966).

In der Zeit nach 1900 gewinnt endlich auch das Frauenstudium an Bedeutung.

im Hörsaal verkündeter pazifistischer Angriffe gegen die deutsche Reichsaußenpolitik und den Nationalkonservativismus in Konfrontation zu Fakultät und Senat.

Trotz der Vermittlungsversuche des 1915/16 amtierenden Rektors Hermann v. Grauert eskalierten die Auseinandersetzungen um seine Person mit Protest- und Sympathiekundgebungen, so daß das Ministerium 1917 die Beurlaubung verfügte. Eine aufgrund der Massendemonstration von rd.1000 Studenten vorgenommene Überprüfung der Pädagogik-Einschreibungen ergab die Zahl von (nur) 86 Studenten und 93 Studentinnen.

Der Weg zur akademischen Graduierung von Frauen wird langsam geebnet.

Öffnung des Universitätsstudiums für Frauen.

Bis zum Ende des Kaiserreichs und der Monarchien war die Studentin ein unübersehbarer Faktor geworden, obwohl die deutschen Hochschulen sich erst ab der Jahrhundertwende (Baden 1900, Bayern 1903, zuletzt Preußen und Mecklenburg 1908/9) für Immatrikulationen von Frauen, teils zunächst als „Hörerinnen", geöffnet hatten.

Das Frauenstudium erforderte eine Reform des Schulwesens zur Ermöglichung des Abiturs, - in München wurde 1912 die städtische Luisenschule als Mädchengymnasium anerkannt, während andere Gymnasien nur in Einzelfällen Schülerinnen zur Reifeprüfung zuließen. Die ersten Doktorandinnen in der Philosophischen Fakultät II der Universität München, Agnes Kelly und Maria Ogilvie-Gordon, hatten die Studienvorbildung in England absolviert und promovierten 1900. Ihnen vorangegangen waren lediglich zwei Verleihungen von Ehrendiplomen 1897 an Prinzessin Therese von Bayern für naturforscherliche, und 1898 an Charlotte Lady Blennerhasset für literaturhistorische Verdienste.

Noch bevor die institutionellen Schwellen Abitur, Promotion, Habilitation für Frauen generell geregelt waren, schaffte die bayerische Offizierstochter Adele Hartmann als erste Frau in Deutschland den akademischen Weg zur Privatdozentur. Bis 1918 zählt die Universität

K. Ludwig-Maximilians-Universität München.

DEKANAT
der medizinischen Fakultät.

EINLADUNG
zur
Antrittsvorlesung des Fräulein Dr. med. Adele Hartmann
am
Freitag, den 20. Dezember 1918, abends 6 Uhr punkt
in der Poliklinik, Pettenkoferstr. 8a, mediz. Hörsaal Nr. 235 (I. Stock)

Vortrag:
Ueber die bisherigen Erklärungsversuche der Zellteilung.

Anatomin Adele Hartmann, die erste habilitierte Privatdozentin in München und Deutschland.

Ehrendiplom für Naturforschung: Prinzessin Therese von Bayern.

München insgesamt 174 weibliche Promotionen mit starker Fächerschwankung; der erste juristische Doktorhut wurde 1927, der erste tiermedizinische 1928 verliehen. Das Gesicht von Universitäten und akademischen Berufen begann sich durch die Bildungsemanzipation der Frauen tiefgreifend zu wandeln gerade in jenen Jahren, als der Leipziger Nerven- und Schilddrüsenforscher P. Möbius († 1907) sein mehrbändiges Werk „Über den physiologischen Schwachsinn des Weibes" vollendete, das 1912 die 10. Auflage erlebte.

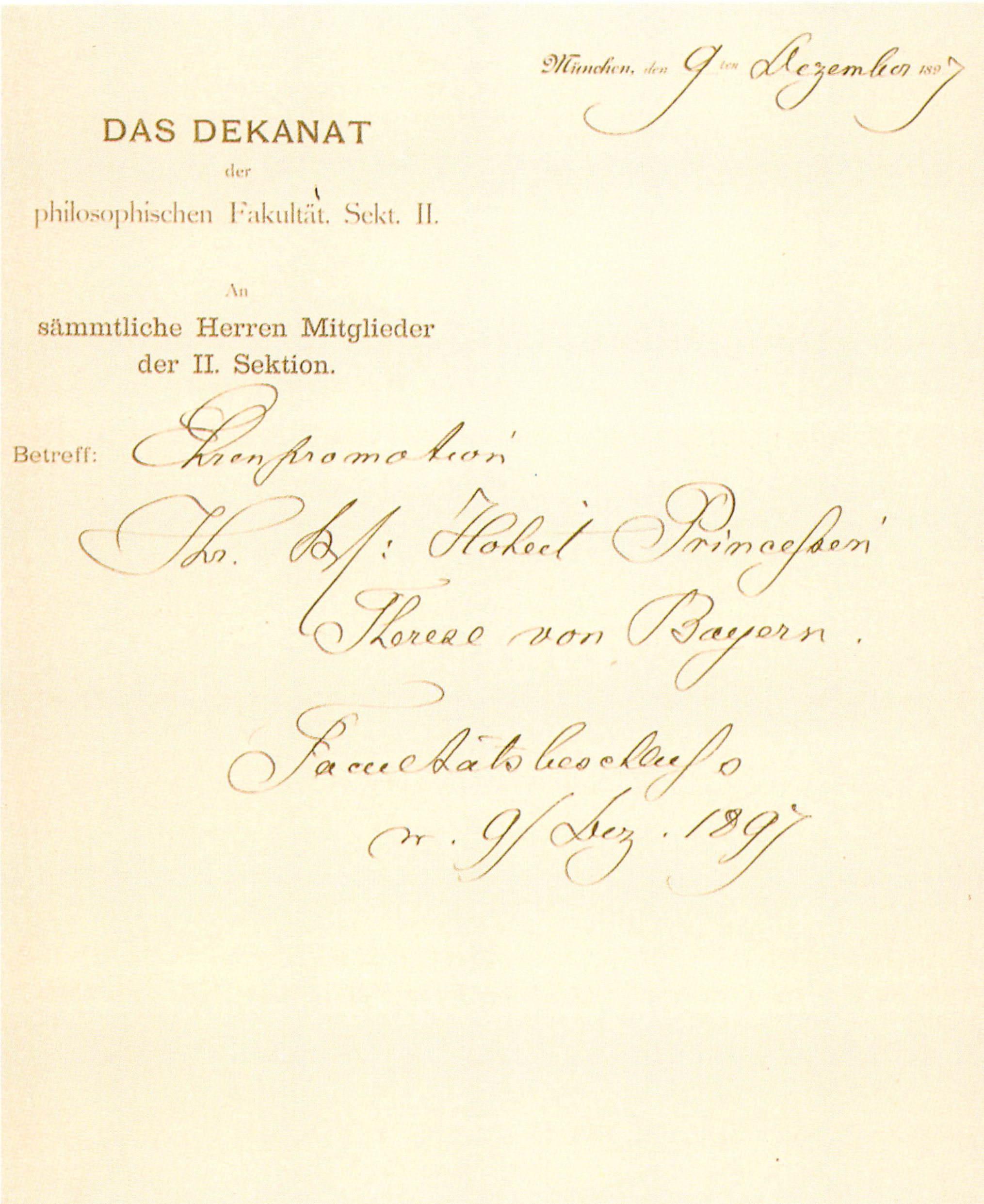

München, den 9ten Dezember 1897

DAS DEKANAT
der
philosophischen Fakultät. Sekt. II.

An
sämmtliche Herren Mitglieder
der II. Sektion.

Betreff: Ehrenpromotion
Ihr. Kgl: Hoheit Prinzessin
Therese von Bayern.

Facultätsbeschluß
v. 9/Dez. 1897

Beschluß der Ehrenpromotion für Prinzessin Therese von Bayern, 1897.

Wesentliche Etappe der Gleichberechtigung von Mann und Frau: die Zulassung von „Damen zur Immatrikulation" wird zu Beginn des Jahrhunderts durchgesetzt.

Frauenstudium in München

WS	Frauen	ges.
1905/06	53	5147
1911/12	188	6797
1915/16	469	6021
1918/19	1191	8625

Symbolfiguren der Verweigerung gegen das Terror-Regime.
Die Geschwister Sophie und Hans Scholl.

EINLADUNG
ZUM
VERBRENNUNGSAKT AM KÖNIGSPLATZ

AM MITTWOCH, DEN 10. MAI 1933, NACHTS 11^{30} UHR.

Die Studentenschaften der Universität und der Technischen Hochschule München und der Kreis VII (Bayern) der Deutschen Studentenschaft laden Sie zu der oben bezeichneten Kundgebung ein.

Mit dieser Karte haben Sie Zutritt auf dem abgesperrten Raum am Königsplatz (vor der Staatlichen Kunstausstellung). Der abgesperrte Raum muß um 11 Uhr nachts pünktlich betreten sein.

Nach 11 Uhr trifft d. Fackelzug d. gesamten Studentenschaft Münchens ein.

1. Die vereinigten Kapellen spielen Marschmusik
2. Beginn der Feier 11^{30} Uhr mit dem Lied „Burschen heraus"
3. Rede des Ältesten der Deutschen Studentenschaft Kurt Ellersiek
4. Verbrennung volkszersetzender Bücher und Zeitschriften
5. Gemeinsamer Gesang der Lieder:
   „Der Gott, der Eisen wachsen ließ"
   „Deutschland Deutschland über alles"
   „Die Fahne hoch, die Reihen dicht geschlossen"

Schluß mit der Freiheit des Dichtens und Denkens. Geistige Güter gingen 1933 in Flammen auf.

Katastrophales Ende: der zerbombte Lichthof der Universität.

Als Hitler noch nicht an der Macht war: Aufmarsch der Burschenschaften bei der Hundertjahrfeier 1926.

Helmut Böhm

Studium zwischen zwei Weltkriegen 1918-1945

Die Folgen des Ersten Weltkrieges und die politischen Turbulenzen der Weimarer Republik wirkten sich auch auf den Lehr- und Studienbetrieb aus. Vielfältige gesellschaftliche Umbrüche in der Zeit zwischen den Kriegen spiegeln sich in strukturellen Veränderungen an der Universität München. Gleichwohl blieb die Anziehungskraft der zweitgrößten deutschen Hochschule zunächst ungebrochen.

Provokation, Propaganda und gezielte Übergriffe durch den „Nationalsozialistischen Deutschen Studentenbund" waren bereits ab 1926 die Vorboten der Hitler-Zeit. Mit Mord, Vertreibung, Unterdrückung und Krieg wurde die Freiheit des Denkens und Lernens radikal ausgemerzt. Widerspruch konnte tödlich enden – dies symbolisiert die „Weiße Rose".

In der Nacht über Deutschland erloschen auch an der Ludwig-Maximilians-Universität alle Lichter: Das Sommersemester 1945 fand nicht mehr statt.

Aus Zeichen des Glaubens wurde Beutegut: Halbwüchsiger mit Davidstern als „Souvenir" der Reichskristallnacht vom 9. zum 10. November 1938.

Das Studieren in Uniform wurde schnell zur Regel.

Suche nach neuer Orientierung: die ersten Monate nach dem Krieg.

Die republikanische Zeit begann mit großen geistig-politischen und organisatorischen Herausforderungen. Die Eingliederung, Unterbringung und materielle Unterstützung der zurückkehrenden studentischen Kriegsteilnehmer, die sich zum Teil in eigenen Interessenverbänden zusammenschlossen, war vorrangige Aufgabe der Universität, die mit Übergangsregelungen den Lehrbetrieb in den turbulenten Nachkriegsmonaten fortsetzen konnte.

Die AStA-Bewegung erhielt in der Revolutionszeit weiteren Auftrieb. Nachdem der Senat bereits am 11. November einen provisorischen Satzungsentwurf gebilligt hatte, wurde im Dezember 1918 der erste Allgemeine Studenten-Ausschuß gewählt. Der AStA, wie in München das dreißigsitzige Studentenparlament hieß, bestellte einen fünfköpfigen Vorstand und finanzierte sich aus studentischen Zwangsbeiträgen. 1919 schlossen sich die örtlichen Studentenschaften zum Dachverband der Deutschen Studentenschaft zusammen.

Trügerische Idylle: Studentenverbindung im Grünen, um 1916.

Allgemeiner Studenten-Ausschuß der Universität München

Geschäftsstelle Zimmer 144 und 152, Eingang Ludwigstr. Tel. 234 70

Das Arbeitsamt verschafft Studierenden geeignete Nebenverdienst, wie Instruktionsstunden, Hauslehrerstellen, wissenschaftliche Hilfsarbeiten usw. an Studierende.

Das Lehrmittelamt vermittelt den Ankauf und Verkauf gebrauchter Bücher unter Studierenden durch Übernahme der Bücher in Kommission. Die Schätzung obliegt einem Ausschuß, dem der Oberbibliothekar der Universität mit angehört.

Das Nachrichtenamt erteilt mündlich und schriftlich Auskunft über alle in das Arbeitsgebiet des A. St. A. einschlägigen Fragen und sammelt das diesbezügliche Druckschriftenmaterial für das Archiv.

Das Soziale Amt, welches die praktisch-sozial arbeitenden studentischen Organisationen: die Akademischen Arbeiterkurse, die sozial-studentische Zentrale und die studentische Gruppe für Jugendfürsorge und Jugendgerichtshilfe in München umfaßt, vertritt unter voller Wahrung der Sonderinteressen jeder zugehörigen Gruppe die gemeinsamen Interessen derselben und sucht die Studentenschaft zu ernster sozialer Arbeit anzuregen und entsprechende Arbeitsgelegenheit zu schaffen und zu vermitteln.

Das Vergünstigungsamt vermittelt bedeutende Ermäßigungen zum Besuche der Sammlungen, Theater, Konzerte und erwirkt auch in verschiedenen anderen Fällen wie Schülerfahrkarten, Rauchwarenbezug usw. Vergünstigungen.

erfüllen, soweit es die jetzigen außerordentlich ungünstigen Verhältnisse ermöglichen. **Vergeßt aber nicht, daß ohne Eure tatkräftigste Mitarbeit und ohne Euer verständnisvolles Rücksichtnehmen auf die gegenwärtig sich uns in den Weg stellenden Schwierigkeiten der von Euch gewählte Ausschuß ein Körper ohne Mark und Seele ist. In Eure Hand ist Euer Wohl und Wehe nun gegeben.**

Alle jene Kommilitonen und Kommilitoninnen, welche bereits an anderen Hochschulen in Allgemeinen Studenten-Ausschüssen tätig waren, werden herzlich gebeten, ihre Erfahrungen und ihre Mitarbeit uns zur Verfügung zu stellen! Auch junge Mitarbeiter, die ernsthaft in dem einen oder anderen Amte für das Wohl ihrer Kommilitonen mindestens ein Semester tätig sein wollen, sind uns herzlich willkommen!

Die Anmeldung zur Mitarbeit in den Ämtern wird in den Sprechstunden des Vorstandes und der Ämter entgegengenommen.

Mit studentischem Gruß!

Der Vorstand.

Moderne Ideen gewinnen an Gewicht: Im AStA beginnen Studenten ihre Interessen zu vertreten.

Aktion und Reaktion: die Universität im Wechselspiel der Anschauungen.

An der Universität München fand die Revolution bei den mehrheitlich völkisch orientierten Studenten erbitterte Gegner. Nachdem schon um den 10. Februar ein den Ministerpräsidenten bedrohendes Flugblatt („Mach hurtig Landvogt, Deine Uhr ist abgelaufen!") große Erregung hervorgerufen hatte, wurde Kurt Eisner am 21. Februar auf dem Weg zum Landtag von dem Studenten Anton Graf Arco-Valley niedergeschossen. Die Nachricht vom Attentat wurde von den Studenten mit Begeisterung aufgenommen. Der Senat, der die „Freveltat" aufs tiefste beklagte, sah sich gezwungen, die Universität zu schließen, da Zusammenstöße zwischen bewaffneten Revolutionären und Studenten drohten.

Schauplatz München 1919: Die Herrschaft der Räte findet ein schnelles Ende.

Mit der Ausrufung der Räterepublik erfaßte die Revolution auch die Universität. Ein bereits am 5. April von einer allgemeinen Studentenversammlung eingesetzter und vom Senat durch Beiordnung von drei Professoren anerkannter „Vorläufiger Studentenrat" wurde durch einen von Volkskommissar Gustav Landauer bevollmächtigten „Revolutionären Hochschulrat" verdrängt, der die Umwandlung der „Klassenuniversität" in eine Volksbildungsanstalt propagierte, die Universität schließen ließ und die rote Fahne hißte.

Um die Initiative nicht zu verlieren, setzte in dieser Phase der „Doppelherrschaft" der Senat, angeführt von dem zum Prorektor ernannten Mediziner Friedrich von Müller, einen „Aktionsausschuß für die Neugestaltung der Universität" ein, in dem den Nichtordinarien, Beamten und Studenten ein hohes Stimmenübergewicht eingeräumt wurde.

Am 21. Februar 1919 ermordet: Der Publizist und Politiker Kurt Eisner rief in der Novemberrevolution 1918 den „Freistaat Bayern" aus und wurde erster Ministerpräsident.

Trotz Befürwortung einer tiefgreifenden Reform bekannte sich eine allgemeine Dozentenversammlung unter Streikandrohung zum Prinzip der freien, politisch unbeeinflußten Lehre. Am 12. April wurde der Senat durch den „Revolutionären Hochschulrat" für abgesetzt und die Universität zur „proletarischen Übergangsschule" erklärt. Mit dem Einmarsch des Freikorps Epp und der Niederschlagung der Räteherrschaft endete Anfang Mai 1919 diese revolutionäre Episode, in der trotz großer Bedrängnis der Senat das Heft nie ganz aus der Hand gab.

Die Auseinandersetzung verändert alte Strukturen.

Ihr politischer Kampf hatte vielschichtige Nachwirkungen: die Münchener Räte Levien (rechts) und Leviné-Niessen.

Zeichen für die Zukunft: Studenten in bewaffneten Verbänden.

Die studentische Szene wurde in den Folgejahren von deutschnationalen und völkischen Grundstimmungen beherrscht, die vor allem in den im Deutschen Waffenring vereinigten Verbindungen kultiviert wurden.
Bewaffnete studentische Verbände nahmen 1920 an der Niederschlagung der Aufstände in Mitteldeutschland und – im Freikorps Oberland – an den Kämpfen in Oberschlesien teil und wurden nach ihrer Auflösung in die Einwohnerwehren überführt.

Gewaltige Demonstrationen mobilisierten das Volk.

Zwei weitere Führer der „Revolution": Towia Axelrod (links) und Ernst Toller.

Die im Januar 1920 durch den Prozeß gegen den Eisner-Mörder ausgelösten studentischen Demonstrationen ließen erkennen, daß die Sympathien mehrheitlich dem Attentäter als dem personifizierten Protest gegen Revolution und Republik galten. Ähnlich mögen auch einige der Professoren gefühlt haben. Der Anatom Siegfried Mollier ließ Arcos „große Menschlichkeit" durch eine Schweigeminute ehren, während Max Weber den Mut hatte, die milde Behandlung des Attentäters zu kritisieren und dadurch den Zorn der Studenten und die wiederholte Sprengung seiner Vorlesung provozierte.

Die Reformberatungen gingen im Aktionsausschuß unter Professor Karl Rothenbücher weiter. Die 1920 von Kultusminister Matt verfügte neue Universitätsverfassung orientierte sich aber im wesentlichen an einem Senatsentwurf. Die Zuständigkeit der akademischen Organe blieb unverändert, Senat und Rektorwahlgremium wurden erweitert durch die Beteiligung von gewählten Vertretern der Nichtordinarien, Beamten und Studenten. Der AStA hatte nunmehr als studentische „Gesamtvertretung" im Senat satzungsmäßige Anerkennung gefunden, der 1922 die ministerielle Bestätigung und 1923 ausführliche Satzungen für die Studierenden an den bayerischen Universitäten folgten.

Die völkischen Kräfte formieren sich.

Der Senat, der konsequent eine Verfassungsfeier ablehnte, hatte viel Verständnis für akademische Kundgebungen für Südtirol, Österreich und gegen Versailles, und unter den Professoren waren nur wenige „Vernunftrepublikaner" zu finden, unter ihnen Max Weber, die Juristen Karl Rothenbücher und Konrad Beyerle, der an der Weimarer Verfassung maßgeblich mitgearbeitet hatte, und der Neuhistoriker Hermann Oncken. Ein entschiedener Gegner der Republik war u.a. der Ägyptologe Freiherr v. Bissing, der mit dem Forstwirt Karl Leopold von Escherich und dem Historiker Karl Alexander von Müller zu den frühen Sympathisanten der Hitler-Bewegung zählte.

Auch an der Universität erreichte das Treiben der völkischen Kräfte im November 1923 einen vorläufigen Höhepunkt. Sowohl die Münchener SA als auch das von dem Universitätsassistenten Friedrich Weber geführte Freikorps „Oberland" hatten viele Studenten in ihren Reihen. Auch der von Waffenstudenten getragene völkische „Hochschulring für deutsche Art" nahm am Marsch auf die Feldherrnhalle teil.

Die Niederschlagung des Putsches führte am 10. November zu wilden Kundgebungen in der Universität und zu einem neuen, von Polizei und Reichswehr gestoppten Demonstrationszug.

Am 12. November kam es zu einer stürmischen studentischen Versammlung im Lichthof und vor dem Eingang der Universität zu einem Zusammenstoß mit Reichswehrtruppen. Die Universität wurde wieder einmal geschlossen. Im Interesse der Beruhigung wurde den an der „durchaus vaterländischen Kundgebung" Beteiligten von Rektor Carl von Kraus in Übereinstimmung mit dem Senat Straffreiheit zugesagt.

Der Volkswirtschaftler und Soziologe Max Weber (1864 - 1920).

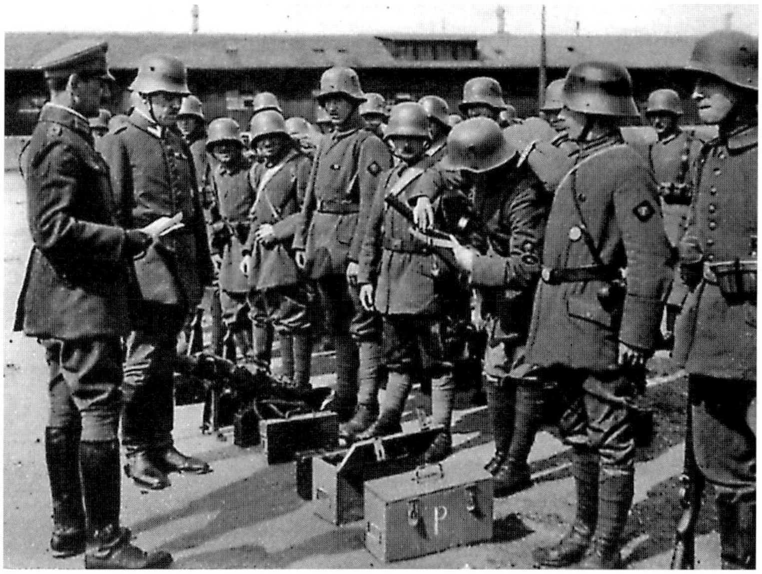

Das Freikorps Epp: Sammelbecken der national gesinnten Reaktion.

Studenten marschieren gemeinsam mit Offizieren und Handwerkern in der Bürgerwehr.

Im Feld der widerstreitenden Überzeugungen taucht der Mann auf, der Deutschland in die Katastrophe führen wird.

Komilitonen!

Der Wust von Lügen und Verdächtigungen, der neuerdings über die nationalsozialistische Beweguug niederprasselt, hat auch Teilen der Studentenschaft vorübergehend das Urteil getrübt. Um an Hand einwandfreier Tatsachen aufzuklären und unser Wollen darzulegen, wird der Führer der Bewegung, Herr **Adolf Hitler**

am Montag, den 26. Februar 1923 abds. 8 Uhr

im Löwenbräukeller, Nymphenburgerstraße

sprechen über das Thema:

„Deutscher Student und deutscher Arbeiter als die Träger der deutschen Zukunft."

Der Hauptteil des Raumes wird für Studenten (Ausweis!) und Handarbeiter freigehalten. Wortmeldungen von gegnerischer Seite in anschließender Aussprache werden wir begrüßen.

National-Sozialistische Studentengruppe der Münchner Hochschulen.

Bitte weite

Juden ist der Zutritt verboten!

Die heile Welt auf einer zeitgenössischen Postkarte.

Handzettel von 1923: In ersten Kundgebungen kam der Nationalsozialismus ans Licht.

Steigende Studentenzahlen und die Linderung der ärgsten Not.

Ungestört von den politischen Turbulenzen entwickelten sich die studentischen Selbsthilfeeinrichtungen, in München vorbildlich aufgebaut von dem aus der Freistudentenschaft hervorgegangenen Fritz Beck. Diese von der Wirtschaftshilfe der Studentenschaft getragenen Unternehmungen, die sich 1922 auf Reichsebene organisierten und 1928 im „Deutschen Studentenwerk e.V." vereinigten, hatten zum Ziel, die unmittelbare Not durch Verteilung von aus Spendenmitteln beschafften Waren, Kleidern und Lebensmitteln zu lindern.

Unter der Geschäftsführung von Fritz Beck koordinierte der 1920 gegründete „Verein Studentenhaus e.V." einen großen Teil der Hilfsmaßnahmen, richtete Mensen ein, die schon 1921 täglich 2 500 Studenten ein preiswertes Essen boten, sowie Arbeitsnachweisstellen und Schreibstuben für Examenssemester. Seit 1924 wurde eine Gesundheitsvorsorge organisiert. Ende 1926 konnte der Verein sein großes Ziel realisieren: durch den Umbau des städtischen Luisenbades entstand ein Studentenhaus mit einer Mensa für 2 000 Personen und vielen Geschäftsräumen.

Aus der Schwimmhalle wurde ein Verpflegungssaal: die Mensa im Luisenbad.

In den Nachkriegsjahren wurde auch der organisierte Hochschulsport eingeführt, der den wehrpolitischen Bestrebungen völkischer Gruppen sehr entsprach, und 1926-28 wurde der Sportplatz in Freimann gebaut.

Wirkungsvolle Maßnahme für die Bedürftigen: Warenausgabe für Studenten.

Die Anziehungskraft der zweitgrößten Hochschule Deutschlands war auch nach dem Weltkrieg ungebrochen. Die Immatrikulationsziffer, die 1914 schon bei 6 600 lag, stieg – mit den Kriegsteilnehmern – zum Wintersemester 1921 auf über 9 000 an, fiel dann leicht ab und pendelte sich – bei ansteigender Tendenz – zwischen 7 000 und 8 000 ein. Auffallend war auch der überproportionale Anstieg der Zahl der vor allem in der Philosophischen Fakultät vertretenen Studentinnen.

Trotz politischer Unruhen und materieller Mängel: Das Studium in München bleibt attraktiv.

Gelehrte Persönlichkeiten mit internationaler Ausstrahlung.

Bahnbrechende Erkenntnisse in der Chirurgie: Professor Ferdinand Sauerbruch.

Renommierte und international anerkannte Wissenschaftler bewahrten den erstklassigen Ruf der Universität und trugen zur Weltbedeutung Münchens bei. In der berühmten Münchner Chemikertradition standen die beiden Nobelpreisträger Richard Willstätter (1916-25) und Heinrich Wieland (1926-52), und auf Röntgen folgte 1920 mit Wilhelm Wien (1920-28) wieder ein Physik-Nobelpreisträger. Auf dem Gebiet der Theoretischen Physik leuchtete drei Jahrzehnte lang Arnold Sommerfeld, dessen Institut eines der großen Zentren der internationalen Atomphysik war.

Wegweisende Erfolge bei der Erforschung chemischer Zusammenhänge: Heinrich Wieland.

Der bereits 1920 verstorbene Max Weber, der Herz- und Lungenchirurg Ferdinand Sauerbruch und der Kunsthistoriker Heinrich Wölfflin gehörten zu den prägenden Persönlichkeiten der Nachkriegszeit. Zu den weit über München hinaus bekannten Gelehrten zählten z. B. auch der Internist Friedrich von Müller, der Pädagoge und Schulmann Georg Kerschensteiner, der Germanist Carl von Kraus, der Romanist Karl Vossler, der Klassische Philologe Eduard Schwartz, der „Theaterprofessor" Artur Kutscher und der Theologe und Dogmen-Historiker Martin Grabmann. Die große Juristische Fakultät mit über 2 000 Studenten hatte in ihren Reihen bedeutende Gelehrte wie den Rechtshistoriker Konrad Beyerle, den Romanisten Leopold Wenger und den Professor für Bürgerliches Recht Wilhelm Kisch.

Nobelpreisträger mit Lehrstuhl in München: der Physiker Wilhelm Wien.

Professor mit Modellcharakter: der Theaterwissenschaftler Artur Kutscher.

Görres-Feier im Lichthof 1927. An der Stelle der Görres-Büste befindet sich heute das Weiße-Rose-Denkmal.

Sprachforscher mit vielen Lorbeeren: der Germanist Carl von Kraus.

Innovative Ansätze in einer schöngeistigen Disziplin: der Kunsthistoriker Heinrich Wölfflin.

Lehrstühle von morgen und die konservative Politik.

Die zunehmende Spezialisierung der Wissenschaften führte auch in den 20er Jahren noch zur Neuerrichtung einzelner Lehrstühle und Institute, wenn auch die finanzielle Situation viele Wünsche offen ließ. Die Theologische Fakultät erhielt Seminare für Dogmatik, Patrologie und Missionswissenschaft, im Bereich der aufstrebenden Nationalökonomie wurde 1920 ein Seminar für Wirtschaftsgeschichte (J. Strieder) geschaffen, und 1924 etablierte sich mit Professor Karl d'Ester die Zeitungswissenschaft als eigenständiges Fach. 1923 wurden ein Lehrstuhl und Institut für Meteorologie eingerichtet.

Die Mehrheit der – national eingestellten – Professoren fand auch in München kein positives Verhältnis zum Weimarer Staat. So hat es die Universität München – mit einer Ausnahme – vermieden, ein klares Bekenntnis zur Republik abzulegen und sich mit deren Farben zu schmücken. Dagegen hatten die Reichsgründungsfeiern einen festen Platz als machtvolle patriotische Demonstrationen mit meist pathetischen Reden, in denen, wie z. B. 1925 durch Eduard Schwartz, die jämmerliche Gegenwart mit der vergangenen Größe verglichen wurde.

Der Blick in die Vergangenheit verschleiert kommende Gefahren.

Schulterschluß der konservativen Kräfte: Bei der Hundertjahrfeier 1926 zeigen Burschenschaften Einigkeit.

Liberale Gesinnung und ein Versuch der Mäßigung.

Eine aufsehenerregende Ausnahme bildete hier das Rektorat Vossler 1926/27. Hatte der bekannte Romanist bereits bei der prachtvoll im traditionellen Rahmen gestalteten Jahrhundertfeier 1926 die schwarz-rot-goldene Fahne hissen lassen, so bestand er bei der Reichsgründungsfeier 1927 gegenüber den Korporationen auch auf der Teilnahme der jüdischen Verbindungen und hatte dabei die Senatsmehrheit hinter sich. Die farbentragenden Verbindungen und ein Teil der Professoren blieben fern, der Festredner sagte ab, und Vossler hielt selbst die Rede, in der er sich gegen die politischen Phantastereien der Studenten wandte.

Defilee der Professoren. Auch in ihren Reihen überwog das traditionelle Denken.

Akademische Würdenträger beim Festumzug.

Konservative Grundtendenzen und nationalistische Impulse.

Die Universität unterstütze die „vaterländischen" Kundgebungen der Studenten und duldete im Interesse des akademischen Burgfriedens manche Entgleisung, suchte aber mäßigend einzuwirken. Nach einem Politikverständnis, das nationalistische Gruppierungen nicht als parteipolitisch ansah, wurden z. B. bei der Hörsaalvergabe der „Hochschulring deutscher Art" und später der „Kampfbund für deutsche Kultur" begünstigt. Eine nicht unwesentliche Rolle spielte dabei die Verwaltung, die ohnehin im Prozeß der Ausweitung an Bedeutung gewann und es ihrem Leiter, dem langjährigen Syndikus Robert Einhauser, ermöglichte, eine zentrale und sehr einflußreiche Stellung innerhalb der Universität aufzubauen.
Der Fall des hochangesehenen jüdischen Chemikers Richard Willstätter, der seinen Rücktritt einreichte, weil seiner Meinung nach der Antisemitismus auch bei Berufungen eine Rolle zu spielen begann, erregte 1925 großes Aufsehen.

Festakt mit Blick auf die jüngst vergangene Geschichte: Gedenkfeier für die Gefallenen der Schlacht von Langemarck.

Auch für die Münchener Professoren, die mehrheitlich konservativ waren und den Deutschnationalen, der Deutschen Volkspartei, aber auch der Bayerischen Volkspartei nahestanden, blieb die NS-Ideologie trotz mancher Berührungspunkte unattraktiv. Nur wenige waren vor 1933 Parteimitglieder, unter ihnen kein beamteter Professor.

Feierlicher Anlaß für patriotische Gefühle: die Veranstaltung „1000 Jahre Rheinlande" im Jahr 1925.

Verzichtete aus Protest auf seine Professur: der Chemiker Richard Willstätter.

Im Vorfeld von Hitlers Machtergreifung unterstützen nur wenige Professoren die nationalsozialistische Lehre.

Die Münchener Studentenschaft zu Beginn der Nazi-Bewegung.

Propaganda-Aktionen mit bahnbrechender Wirkung.

Ganz anders sah es bei den Studenten aus, die sich zwischen 1924 und 1928 am besten von der völkischen „Großdeutschen Studentenschaft" vertreten sahen, bis sie sich immer mehr von NS-Parolen angesprochen fühlten. Mit dem Aufstieg des 1926 gegründeten „Nationalsozialistischen Deutschen Studentenbundes" begann auch an der Universität München ab 1927/28 wieder eine Phase der Radikalisierung mit neuen Formen des hochschulpolitischen Kampfes.

Obwohl die ab 1928 von Baldur von Schirach geführte Hochschulgruppe mit dem größtmöglichen Propagandaaufwand vorging – im Sommersemester 1930 z. B. wurden 40 000 Flugzettel verteilt – und vor den AStA-Wahlen jeweils die Parteiprominenz, mehrmals auch Hitler, aufbieten konnte, blieben die Ergebnisse hinter den Erwartungen und den Erfolgen an anderen Hochschulen zurück. Während z. B. bei den AStA-Wahlen im Wintersemester 1929/30 die Nationalsozialisten in Würzburg 30 %, in Erlangen gar 51 % und an vielen Hochschulen ein Drittel der Stimmen erreichen konnten, kamen sie an der Universität München nur auf gut 18 %.

Und obwohl sie ihren Stimmenanteil in etwa verdoppeln und ab Dezember 1930 als stärkste Gruppe auch den Vorsitzenden des AStA-Vorstands stellen konnten, schafften sie den erhofften Durchbruch nicht. Aber mit ihrem pausenlosen Aktionismus, ihrer aggressiven Propaganda und ihren gezielten Provokationen und Störungen bestimmten sie die studentische Politik und weitgehend auch das äußere Bild der Universität und zwangen die Universitätsleitung in die Defensive.

Die Juristische Fakultät im Festzug von 1926 mit Hans Nawiasky (6. von rechts). Der Professor für Staatsrecht war am 25.6.1931 Adressat eines Schmähartikels im „Völkischen Beobachter".

Ein feiner Münchner Hochschulprofessor:
Nawiasky verteidigt das Versailler Diktat

Aus Kreisen der Münchener Studentenschaft gehen uns folgende Mitteilungen zu:

Wir deutschen Studenten müssen uns auf der Universität manches von den Professoren unter der Maske der Wissenschaftlichkeit sagen lassen, was wir im Innersten ablehnen und verwerfen. Meist halten wir mit unserer Erbitterung zurück und warten auf den Tag, der die deutschen Hochschulen von allen undeutschen Elementen säubern

deutschen Universität über Schicksalsfragen des deutschen Volkes urteilt wie der ärgste französische Chauvinist. Alle Studenten, denen Deutschland noch nicht zur Farce wurde, werden Ihnen nie vergessen, was Sie gesagt haben:

„In Danzig haben heute die Polen das Recht, ihren Handel über den Hafen zu leiten. Aber wir wollen uns darüber nicht aufregen, wir haben es doch vorher

Sie haben damit nicht nur Versailles anerkannt, sondern auch alles, was nachher kam und aus diesem Diktate sein Recht herleitet. Sie haben den Ruhreinbruch und den Schlagetermord anerkannt, die [illegible] nische Vergewaltigung des Ostens, immer neue Demütigung in Spaa, in [illegible] don, in Genua, Locarno und Genf. Knechtung durch Dawes und Young. unendliche Kette deutschen Leidens, Elend und die Schande, die Armeen

Höhepunkt des „Nawiasky-Skandals“: Die Universität blieb eine Woche lang geschlossen.

Deutsche Studentin!

Weshalb mußt Du am 24. November Deine Stimme den Nationalsozialisten geben?

Weil Du erkannt hast, daß es sich heute nicht um kleinliche Sonderinteressen handelt, sondern um den Endkampf von Weltanschauungen.

Weil Du weißt, daß die beiden entscheidenden Mächte Nationalsozialismus u. Bolschewismus um den Sieg ringen.

Weil Du weißt, daß der Bolschewismus das Chaos und das Ende des Deutschen Volkes bedeutet.

Weil Du weißt, daß der Nationalsozialismus allein Deutschland vor dem Bolschewismus bewahren kann.

Weil Du erkannt hast, daß in diesem Kampf um die deutsche Kultur, um die Erhaltung der Deutschen Familie die Deutsche Frau in der vordersten Linie stehen muß.

Weil Du erkannt hast, daß alle andern Interessen- und Splittergruppen — mögen sie sich noch so national gebärden — dem Bolschewismus direkt oder indirekt Vorschub leisten.

Wir Nationalsozialisten versprechen Dir nichts als den Kampf um ein nationales und soziales Großdeutschland, in dem dem wahren Frauentum seine Rechte eingeräumt werden sollen.

Wir kämpfen für die wahre Deutsche Hochschule, die jede Deutsche Studentin mit aufbauen muß, denn nur dann wird ihr ihr Deutsches Recht werden.

Wir werden die Deutsche Frau niemals von der Hochschule verdrängen, denn die Deutsche Studentin wird bei dem Wiederaufbau Deutschlands unentbehrlich sein.

Deshalb wählt am 24. Nov. jede Deutsche Studentin Liste 3 (Nationalsozialisten)

ANSt., München. Verantw.: Lieselotte Brandt, Mchn.

Druck: Fr. Otto Schaal, Schellingstr. 23

Flugblatt und Wahlaufruf der Nationalsozialisten an Studentinnen.

Gezielte Agitation der Nationalsozialisten.

Ein Höhepunkt dieser Attacken war 1931 das gezielte und medienwirksam als „Nawiasky -Skandal“ inszenierte Vorgehen gegen den angesehenen Staatsrechtler jüdischer Herkunft, der sich erlaubt hatte, in einer Vorlesung die Friedensschlüsse von Versailles und Brest-Litowsk miteinander zu vergleichen. Es kam zu großen Tumulten und zur Räumung und Schließung der Universität für eine Woche. Der Rädelsführer erhielt lediglich eine Verweisandrohung, der eingesetzte Untersuchungsausschuß teilte die Auffassung von Professor Nawiasky nicht voll.

Die Universität versuchte zwar auch mit den Mitteln des Disziplinarrechts dem Treiben Einhalt zu gebieten – es kam zum zeitweiligen Verbot des Studentenbundes und zur Sperrung der studentischen Zwangsbeiträge – aber diese verspäteten Maßnahmen wurden wegen der befürchteten weiteren Politisierung und Solidarisierung der Studenten mit dem NS-Studentenbund nur dosiert eingesetzt und konnten vor dem Hintergrund der gesamtpolitischen Entwicklung die erhoffte Wirkung nicht erzielen.

Schlüsseldatum 1933: erste Reaktionen an der Münchener Universität.

Feierstunde in der Münchener Universität aus Anlaß von Hitlers Machtergreifung 1933.

Die Machtergreifung der Nationalsozialisten fand auch an der Universität München kein besonderes Echo; lediglich eine studentische Kundgebung für den Reichskanzler am 31. Januar war zu vermelden. Auch in den folgenden Wochen hielt sich die offizielle Universität zurück.

Als um Unterschriften für einen Aufruf der Hochschullehrer zur Wahl am 5. März geworben wurde, unternahm Rektor von Zumbusch nichts und behandelte den Vorgang ebenso wie die beantragte Ehrenpromotion Hitlers dilatorisch. Dies zeigt, daß man keineswegs mit fliegenden Fahnen überlief, wenn auch von März bis Mai 1933 die Zahl der Parteimitglieder unter den Dozenten und Assistenten von etwa 20 auf ca. 90 anstieg, ohne daß sich dies in sichtbarem Engagement geäußert hätte.

Nachdem inzwischen auch der Hochschulverband, in dessen Vorstand der Münchener Psychiater Oswald Bumke vertreten war, den Weg der Anpassung und Selbstgleichschaltung gegangen war, erklärte der Senat am 11. Juli offiziell seine Bereitschaft zur Mitarbeit am nationalsozialistischen Staat.

Für die Studenten begann die „neue Zeit" mit dem Sommersemester 1933 und der Übergabe des neuen Studentenrechts, die in München am 10. Mai im Lichthof der Universität gefeiert wurde und bei der Kultusminister Hans Schemm die Festrede hielt. Im Anschluß daran zogen die Studenten – ohne Beteiligung von offiziellen Vertretern der Universität – zu der reichsweit organisierten Bücherverbrennung auf den Königsplatz.

Rapide Veränderungen in der Administration der Hochschule.

Nachdem bereits im Juni die turnusmäßigen Wahlen gestoppt worden waren, wurde in Bayern die verfassungsmäßige Umgestaltung mit den „Vorläufigen Vorschriften zur Vereinfachung der Hochschulverwaltung“ vom 28. August 1933 eingeleitet, die – ohne erkennbaren Protest der Universität – die Kollegialorgane abschafften, die Selbstverwaltung beseitigten und das Führerprinzip etablierten. Der nicht mehr frei gewählte, sondern vom Ministerium ernannte Rektor Karl Leopold von Escherich hatte aber auch das Vertrauen der Universität und wurde 1935 auf Wunsch einer großen Professorenmehrheit vom Ministerium bestätigt.

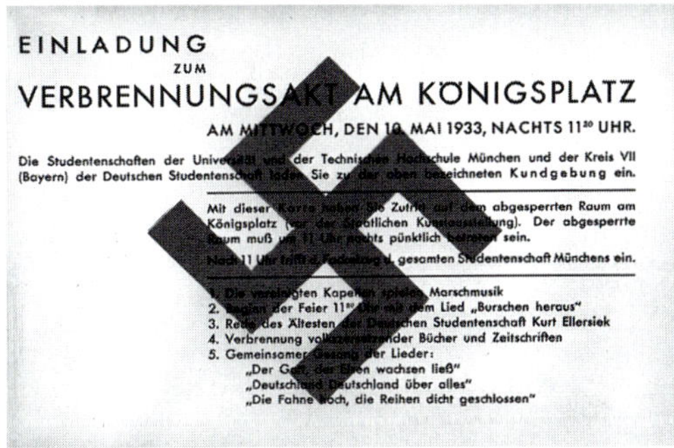

EINLADUNG
ZUM
VERBRENNUNGSAKT AM KÖNIGSPLATZ
AM MITTWOCH, DEN 10. MAI 1933, NACHTS 11³⁰ UHR.

Die Studentenschaften der Universität und der Technischen Hochschule München und der Kreis VII (Bayern) der Deutschen Studentenschaft laden Sie zu der oben bezeichneten Kundgebung ein.

Mit dieser Karte haben Sie Zutritt auf dem abgesperrten Raum am Königsplatz (vor der Staatlichen Kunstausstellung). Der abgesperrte Raum muß um 11 Uhr nachts pünktlich betreten sein.

Nach 11 Uhr trifft d. Fackelzug d. gesamten Studentenschaft Münchens ein.

1. Die vereinigten Kapellen spielen Marschmusik
2. Beginn der Feier 11³⁰ Uhr mit dem Lied „Burschen heraus“
3. Rede des Ältesten der Deutschen Studentenschaft Kurt Ellersiek
4. Verbrennung volkszersetzender Bücher und Zeitschriften
5. Gemeinsamer Gesang der Lieder:
   „Der Gott, der Eisen wachsen ließ“
   „Deutschland Deutschland über alles“
   „Die Fahne hoch, die Reihen dicht geschlossen“

Die sogenannte „Dozentenschaft“, zunächst konzipiert als Organisation des akademischen Nachwuchses, dann ab 1935 als Vertretung aller Dozenten und Assistenten, fungierte als politische Mitwirkungsund Kontrollinstanz vor allem in Personalangelegenheiten und war meist in Personalunion mit dem NS-Dozentenbund als Gliederung der NSDAP verbunden. Junge, aktive Nationalsozialisten wie der Assistent Dr. Führer machten hier ihren politischen Einfluß massiv geltend.

Gegen eigenverantwortliche Verwaltung und für blinden Gehorsam: So wurde der Untergang der Gedankenfreiheit besiegelt.

Gauleiter Hans Schemm hält eine Rede an das Volk.

Durch gezielte Eingriffe wird die Universität gleichgeschaltet.

Verfemt, verboten, verjagt: Nazi-Doktrin und akademische Lehre.

Die Säuberungsmaßnahmen haben auch die Universität München schwer getroffen. Vom sogenannten Berufsbeamtengesetz vom 7. 4. 1933 wurden neben mehreren Assistenten bereits 20 Professoren erfaßt, weil sie Juden oder politisch nicht genehm waren, darunter neben dem Staats- und Verwaltungsrechtler Hans Nawiasky der Astronom Alexander Wilkens, der Philosoph Richard Hönigswald, der Jurist Karl Neumeyer, der Völkerkundler Lucian Scherman und der emeritierte Mathematiker Alfred Pringsheim.

Aufgrund des Reichsbürgergesetzes vom September 1935 wurde acht Professoren die Lehrbefugnis entzogen, die Professoren Karl Wessely (Augenheilkunde), Kasimir Fajans (Physikalische Chemie), Friedrich Hartogs (Darstellende Geometrie) und Fritz Wassermann (Anatomie) wurden in den Ruhestand versetzt.
Dasselbe widerfuhr 1937 u.a. dem Chemiker Wilhelm Prandtl, dem Literaturhistoriker Walter Brecht, dem Klassischen Philologen Rudolf Pfeiffer und dem Philosophen, Psychologen und Pädagogen Aloys Fischer. So mußten bis Mitte 1937 mindestens 45 Professoren und Dozenten aus rassischen oder politischen Gründen die Universität verlassen, unter ihnen auch der als NS-Gegner bekannte Chirurg Max Lebsche und der ehemalige Rektor Leo von Zumbusch.

Viele Dozenten wurden in ihrer akademischen Laufbahn behindert. Das Entpflichtungsgesetz vom 21. 01. 1935 ermöglichte die politisch motivierte vorzeitige Emeritierung von 15 namhaften Professoren, nachdem bereits 1934 der Anglist Max Förster zwangsemeritiert worden war.

Ab 1934 wurden Vorlesungen, deren Thematik nicht mehr zeitgemäß erschien, verboten und gleichzeitig politisch gefärbte und indoktrinierende Vorlesungen auf den Gebieten der Auslandskunde, Wehrwissenschaften, Zeitgeschichte sowie der Rassenkunde und Rassenhygiene verstärkt angeboten.

Der politische Zugriff auf die Studentenschaft erfolgte durch eine rigorose Zulassungsregelung, die aus der vielbeklagten „Überfüllung" in wenigen Jahren einen Studenten- und Akademikermangel werden ließ, und durch eine neue studentische Verfassung, die das Führerprinzip brachte und die Studenten auf eine Vielzahl von Verpflichtungen festlegte.

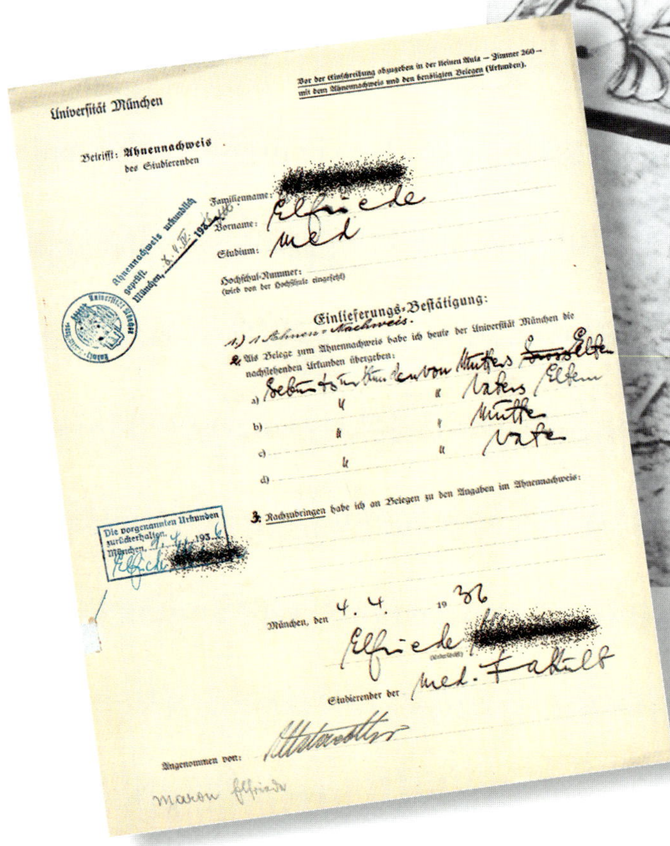

Vor der Einschreibung abzugeben in der kleinen Aula – Zimmer 260 – mit dem Ahnennachweis und den benötigten Belegen (Urkunden).

Universität München

Betreff: Ahnennachweis des Studierenden

Familienname:
Vorname: Elfriede
Studium: med

Hochschul-Nummer:
(wird von der Hochschule eingesetzt)

Ahnennachweis urkundlich geprüft. München,

Einlieferungs-Bestätigung:

1.) 1 Ahnen-Nachweis.
2. Als Belege zum Ahnennachweis habe ich heute der Universität München die nachstehenden Urkunden übergeben:
a)
b)
c)
d)

3. Nachzubringen habe ich an Belegen zu den Angaben im Ahnennachweis:

Die vorgenannten Urkunden zurückerhalten, München, 193.6

München, den 4. 4. 1936

Studierender der med. Fakultät

Angenommen von:

Symbol des Unrechts: ein geraubtes Glaubenszeichen.

Ausschluß der Juden und neue Pflichten der Studenten.

Der Antisemitismus und autoritäre Eingriffe in den Lehrplan.

Obwohl die für jüdische Studenten 1933 festgesetzten Quoten von 5 % und 1,5 % für Neuaufnahmen an der Universität München gar nicht erreicht wurden und bis etwa 20 sogenannten „Halb- und Vierteljuden" auch in den Kriegsjahren noch studierten, führte die Judenpolitik zu einem kontinuierlichen Rückgang des Judenstudiums, so daß im Wintersemester 1938/39 kein „volljüdischer" deutscher Student mehr eingeschrieben war.

Dank ihrer traditionellen Attraktivität konnte die Universität München trotz der restriktiven Zugangsregelungen ihre Frequenz zunächst halten, bis die Kontingentierung für Großstadt-Hochschulen 1935 einen drastischen, nicht mehr auszugleichenden Einbruch verursachte: von 8 065 im Wintersemester 1934/35 auf 5 480 im Sommersemester 1935. Entgegen dem allgemeinen Trend blieb auch die Anteilszahl der Studentinnen bis 1937 etwa konstant, ging dann leicht zurück und erreichte in den Kriegsjahren zum Teil 50 %.

Der Studentenführung wurde ab 1933 keine eigenständige studentische Interessenvertretung mehr zugestanden, sondern die organisatorische und politische Erfassung und Gleichschaltung der Studenten sowie ihre Erziehung zur „Wehrhaftigkeit" als Hauptaufgabe gestellt. Die von oben gebremste Dynamik der NS-Studentenführer äußerte sich in einzelnen Aktionen und Störmanövern, zum Teil 1934 gegen den neuberufenen Rechtshistoriker Heinrich Mitteis, und bei der Ausschaltung der studentischen Korporationen. Mit dem Wintersemester 1935/36 hörte in München das Farbentragen auf, Anfang 1936 bestanden an der Universität nur mehr zwölf Verbindungen – gegenüber etwa 100 vor zehn Jahren.

Verlor 1935 die Lehrbefugnis: Kasimir Fajans, Professor für Physikalische Chemie.

Persona non grata: der emeritierte Mathematikprofessor Alfred Pringsheim.

Wurde 1934 zwangsemeritiert: der Anglist Max Förster.

Politische Machtausübung an der Universität.

Adolf Wagner - Gauleiter und Kultusminister bis 1942.

Hitlers Parteiideologe: Reichsleiter Alfred Rosenberg.

Die zeitraubenden außerwissenschaftlichen Verpflichtungen der Studenten durch Arbeitsdienst, Pflichtsport, vormilitärische Ausbildung durch das SA-Hochschulamt, Fachschaftsarbeit, Kameradschaftserziehung in Wohngemeinschaften und politische Schulungen ließen ein geordnetes Studium nicht mehr zu, führten zu einer enormen Überbeanspruchung – und schließlich bereits 1934 zu offenen studentischen Protesten, demonstrativen Mißfallenskundgebungen und einzelnen partiellen Widerstandshandlungen. Die Anfangssympathien für das Regime waren bald verbraucht, opportunistische Anpassung, Gleichgültigkeit und zunehmende Ablehnung traten an ihre Stelle. Der Wirkungsgrad der politischen Erziehung war gering, wenn auch um 1938 etwa 30 % der Studierenden der Universität München im Studentenbund, 40 % in der Partei und über 50 % in den Gliederungen der Partei waren.

Kundgebung der NS-Studentenkampfhilfe.

Vorlesung im Anatomischen Institut mit beachtlich hohem Anteil an Frauen, 1941.

Die stets unter politischen Einflußnahmen ablaufenden Habilitationen und Berufungen sollten dem neuen Professorentyp zum Durchbruch verhelfen. An der Universität München wurde von 1933 bis 1939 etwa die Hälfte der Lehrstühle neu besetzt. Daß trotz politischen Drucks qualifizierte Wissenschaftler – z. B. Fritz Terhalle, Heinrich Mitteis, Alfred Hueck und Mariano San Nicolo – gewonnen werden konnten, lag in erster Linie an der konsequenten Haltung der jeweiligen professoralen Fakultätsmehrheit, die auf den herkömmlichen Prinzipien und der Priorität des Fakultätsvorschlags beharrte.

Freilich ließ sich nicht verhindern, daß der Universität mehrere Professoren aufgezwungen wurden. Die meisten von ihnen erwiesen sich aber als solide arbeitende Gelehrte, nur einige, wie der Philosoph Wolfgang Schultz und der Rassenhygieniker Lothar Tirala, von Minister Schemm gegen den Widerstand der Fakultäten berufen, und später der Philosoph Hans Grunsky, wurden ihren Aufgaben nicht gerecht und erregten unrühmliches Aufsehen.

Kooperation und Verweigerung: die Situation in den Fakultäten.

Mit partieller Anpassung und prinzipieller Opposition bildeten die Fakultäten mit der Mehrheit ihrer Mitglieder das stärkste Bollwerk gegen den politischen Totalitätsanspruch, oft in schweren Auseinandersetzungen mit einer Minderheit um den politisch agierenden Dozentenschaftsvertreter. Nur wenige Dekane nahmen das Führerprinzip voll in Anspruch, wie etwa Walther Wüst (Philosophische Fakultät), Heinz Kürten (Medizinische Fakultät) und Friedrich von Faber (Philosophische Fakultät II bzw. Naturwissenschaftliche Fakultät), der 1938/39 bei der lange umstrittenen Sommerfeld-Nachfolge im Sinne der Anhänger der „Deutschen Physik" gegen die Fachvertreter entschied.

Während in der Medizinischen Fakultät mit Franz Wirz, dem Geschäftsführer der Hochschulkommission der Partei, mit dem Reichsdozentenführer, Honorar-Professor Walter Schultze, und Gustav Borger als Geschäftsführer des Dozentenbundes namhafte Nationalsozialisten vertreten waren, konnten solche in der Staatswissenschaftlichen Fakultät, die wegen der einzigartigen Kombination einer forstwirtschaftlichen mit einer nationalökonomischen Abteilung 1934 um ihre Existenz ringen mußte, gar nicht Fuß fassen. Die Juristische Fakultät ließ sich durch die örtliche Nähe und persönliche Kontakte zu Hans Frank für die Mitarbeit in der Akademie für Deutsches Recht gewinnen.

Publikum beim 10-jährigen Jubiläum des Studentenbundes.

Adolf Hitler besucht die Universität München bei der Jahrestagung der Akademie für Deutsches Recht im Juni 1935.

Die Theologische Fakultät wurde ein Opfer des eskalierenden Kirchenkampfes und Anfang 1939 vom Gauleiter und Kultusminister Wagner geschlossen. Nachdem das Reichswissenschaftsministerium trotz des Einspruchs von Kardinal Faulhaber auf der Berufung von Hans Barion als Nachfolger des Kirchenrechtlers Eduard Eichmann beharrte und der Kardinal daraufhin den Theologiestudenten den Besuch der Vorlesungen Barions verbot, verfügte Wagner nach Abstimmung mit den Berliner Ministerien am 16. 2. 1939 die Schließung der Fakultät.

Treibende Kraft war die Partei und speziell Gauleiter Wagner, der die nun freien Lehrstühle dem Parteiideologen Alfred Rosenberg für die geplante Errichtung seiner sogenannten „Hohen Schule" zur Verfügung stellen wollte. Neben dem zentralen Sitz am Chiemsee sollten Außenstellen an den Universitäten eingerichtet werden, so in München ein Institut für arische Geistesgeschichte.

Nur dessen designierter Leiter, Professor Richard Harder, wurde gegen die Fakultät nach München versetzt, insgesamt konnte sich die Universität aber in einem zähen Kampf um die Lehrstühle durchsetzen, nicht zuletzt auch, weil das Rosenberg-Projekt 1943 eingestellt wurde.

Dem totalitären Anspruch der politischen Kräfte halten die Gremien an der Hochschule nur bedingt stand.

Am Anfang von Hitlers Krieg: die Münchener Universität 1939.

Galt als Idealtyp des NS-Professors: Universitätsrektor Walther Wüst.

Seine kirchenfeindliche Haltung bewies Gauleiter Wagner erneut im Februar 1941, als er die Inhaber der konkordatsgebundenen Professuren für Philosophie und Geschichte, Joachim von Rintelen und Max Buchner, ohne Rechtsgrundlage beurlaubte. Beide Professuren blieben unbesetzt.
Der Kriegsbeginn bedeutete auch für die Universität München einen tiefen Einschnitt. Zwar gehörte sie zu den fünf Universitäten, die ihren Lehrbetrieb fortsetzen konnten, aber die Tierärztliche Fakultät wurde geschlossen und trotz mehrfacher Versuche höchster bayerischer Stellen nicht wieder geöffnet.

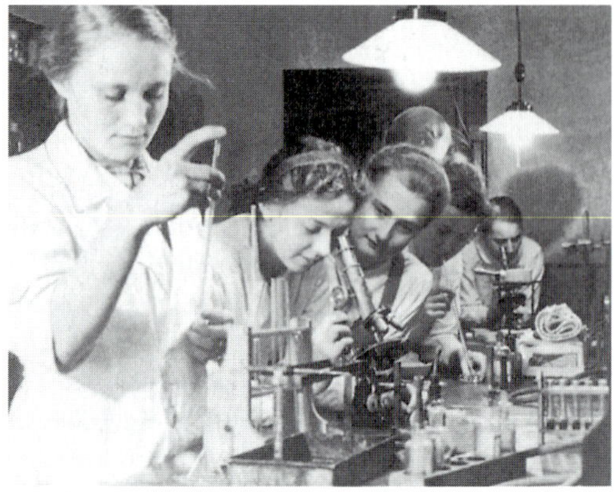

Frauen im chemischen Labor: Die Zahl der Studentinnen nahm deutlich zu.

Semester	Gesamtzahl	davon weiblich	Medizinstudenten	davon weiblich
SS 1939	4057	672	1867	326
3. Trim. '39	6734	1198	4312	757
1. Trim. '40	4569	1041	2696	528
2. Trim. '40	2291	914	1419	335
3 . Trim. '40	3801	n.n.	2012	473
SS 1941	3400	1524	1821	570
SS 1942	3788	1940	2000	741
SS 1943	4276	2178	2353	930
SS 1944	3965	1899	2200	854
WS '44/'45	2058	1986	1312	492

Münchener Studentenzahlen während der Kriegsjahre im Überblick.

Die Freistellung der eingezogenen Professoren wurde stets abgelehnt. Die zeitweilige Schließung anderer Universitäten ließ im ersten Kriegs-Trimester die Immatrikulationszahlen von 4 057 (SS 1939) auf 6 734 ansteigen. Darunter waren allein 4 312 Medizinstudenten.

Bereits 1939 wurden viele Professoren und Dozenten eingezogen – z. B. allein 16 der Philosophischen Fakultät –, und nur mit Sonderleistungen konnte der reguläre Unterrichtsbetrieb aufrechterhalten werden. Ein Bericht aus dem Jahr 1943 zeichnet ein düsteres Bild von einer mit zusätzlichen Aufgaben belasteten, personell – mit ein Drittel bis ein Fünftel des Vorkriegsstandes – stark unterbesetzten und überalteten Medizinischen Fakultät, von deren 119 Mitgliedern die Hälfte eingezogen war.

Die Studentenzahlen stabilisierten sich von 1941 bis 1944 zwischen 3 000 und 4 000, wobei auch für München die Zunahme des Frauen- und Medizinstudiums charakteristisch war.

Der Kriegseinsatz und das studentische Leben.

Die männlichen Studenten waren fast ausschließlich zum Studium kurzfristig beurlaubte oder abkommandierte und als Mediziner in sogenannten Studentenkompanien – in München fünf zu je 250 Mann – kasernierte Kriegsteilnehmer. Hinzu kamen immer mehr Kriegsversehrte. Als Notmaßnahmen wurden Ferienkurse und Sonderlehrgänge angeboten und die Fernbetreuung der im Felde stehenden Studenten organisiert, z. B. ab 1942 durch Feldpostbriefe der Juristischen Fakultät. So wurden bis Ende 1944 ca. 3 500 Kriegsteilnehmer betreut.

Öffentlichkeitswirksam wurden auch in den Kriegsjahren Feiern veranstaltet, z. B. – jeweils in Anwesenheit von Minister Rust und hohen Parteifunktionären – die Ehrenpromotion des italienischen Außenhandelsministers Riccardi im Sommer 1942 und die des Asienforschers Sven Hedin anläßlich der 470-Jahrfeier im Januar 1943.

Berufungsverfahren liefen weiter, führten aber nur mehr zu wenigen Neuberufungen – z. B. 1942 des Psychologen Philipp Lersch und 1943 des Chirurgen Karl Frey –, und 1942/43 gab es um die Nachfolge des Althistorikers Otto eine politische und grundsätzliche Auseinandersetzung und Machtprobe zwischen dem im Senat vertretenen Reichsdozentenführer Schultze und der geschlossen auftretenden Universität, die sich mit der Berufung Berves durchsetzte.

Der seit 1941 amtierende und geradezu als Idealtyp des NS-Professors geltende Rektor Walther Wüst, stellvertretender Präsident der Deutschen Akademie und Kurator des „Ahnenerbes" der SS, zuletzt im Ehrenrang eines Oberführers, bewies hier seinen politischen Einfluß, der ihm auch die effektive Vertretung sachlicher Universitätsinteressen erlaubte.

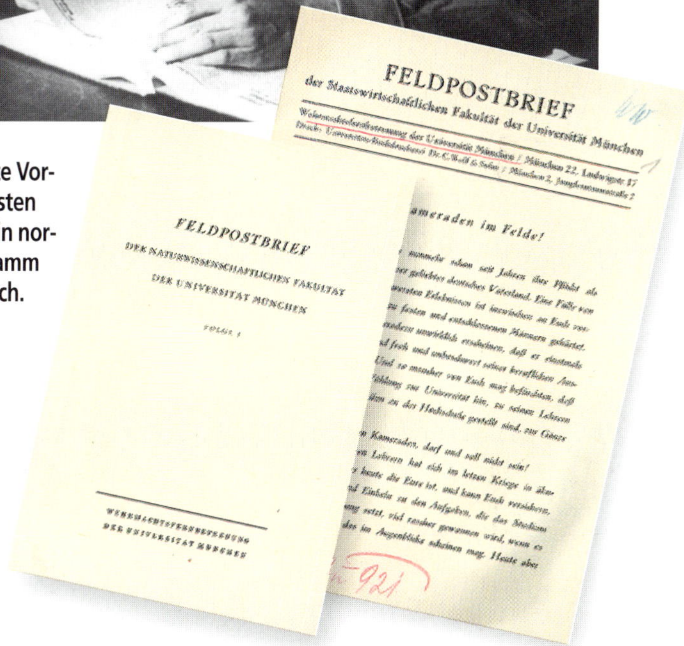

Kriegsdienst hatte Vorrang: Für die meisten Studenten war ein normales Lernprogramm nicht mehr möglich.

Die für alle Studenten Anfang 1940 verkündete Dienstpflicht, der ständige Ferieneinsatz in der Rüstung und der Erntehilfe, die seit 1943 drohende „Ausmerze" und die bestürzenden Kriegserlebnisse drückten auf die Stimmung der Studenten, die sich im Januar 1943 auf einer Großkundgebung im Deutschen Museum gegen abfällige Bemerkungen von Gauleiter Giesler über das Frauenstudium in einer demonstrativen Protestaktion – es kam zu Tumulten und Handgreiflichkeiten – zur Wehr setzten. Solche Proteste und offene und versteckte resistente Haltungen gab es auch früher schon.

Das Winterhilfswerk: Auch Professoren und Studenten beteiligten sich an Sammlungen.

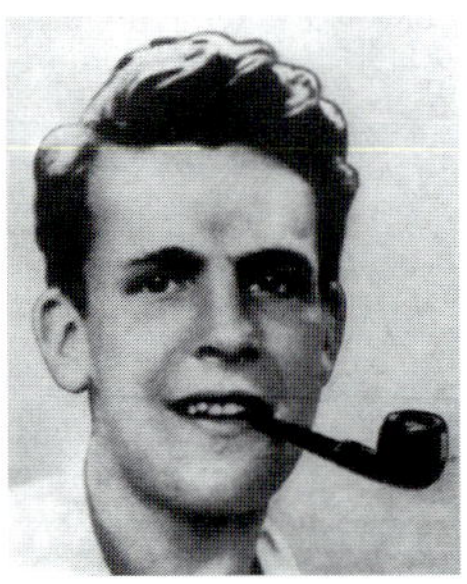

Christoph Probst (6.11.1919, hingerichtet am 22.2.1943).

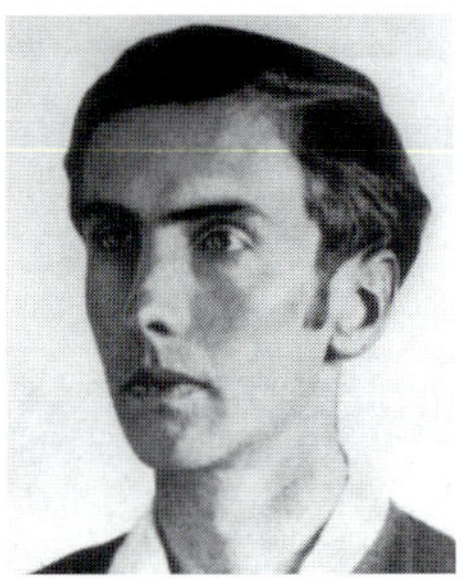

Alexander Schmorell (16.9.1917, hingerichtet am 13.7.1943).

Willi Graf (2.1.1918, hingerichtet am 12.10.1943).

Von Mitte 1942 bis Februar 1943 leistete eine kleine Gruppe von Studenten mit Flugblättern und anderen Aktionen Widerstand.
Fünf Studenten und ein Professor bezahlten ihren Protest mit dem Leben.

Professor Kurt Huber (24.10.1893, hingerichtet am 13.7.1943).

Der Preis für Zivilcourage war das eigene Leben.

Einzigartig aber war das mutige Beispiel aktiven Widerstandes, das in den Tagen um die Stalingrad-Katastrophe einige wenige Münchener Studenten gaben. Die Widerstandsgruppe „Weiße Rose", deren Kern die Studenten Hans und Sophie Scholl, Willi Graf, Christoph Probst und Alexander Schmorell bildeten und deren Mentor Professor Kurt Huber wurde, verteilten seit Sommer 1942 Flugblätter, in denen sie zum Widerstand aufriefen: „Nichts ist eines Kulturvolkes unwürdiger, als sich ohne Widerstand von einer verantwortungslosen (...) Herrscherclique regieren zu lassen."

Die Geschwister Scholl wurden am 18.2. 1943 beim Verteilen von Flugblättern im Lichthof der Universität festgenommen und vier Tage später, am 22.2., zusammen mit Christoph Probst vom Volksgerichtshof zum Tode verurteilt und hingerichtet. Todesurteile gab es in den Nachfolgeprozessen auch für Alexander Schmorell, Willi Graf – und zuletzt Hans Leipelt – sowie für Professor Huber, dessen Verteidigungsrede ein leuchtendes Beispiel professoralen Bekennermutes ist.

Obwohl an jenem 22. Februar in einer inszenierten Großkundgebung über 3 000 Studenten sich hinter den NS-Staat und gegen die „Verräter" stellten, und obwohl der Rektor aus Furcht vor weiteren Untersuchungen die Angelegenheit herunterzuspielen versuchte, gewann dieser Widerstand große Symbolkraft und blieb nicht ohne Wirkung auch auf die Stimmungslage der gesamten Universität, die immer mehr unter den Kriegseinwirkungen litt.

Sophie Scholl (9.5.1921, hingerichtet am 22.2.1943).

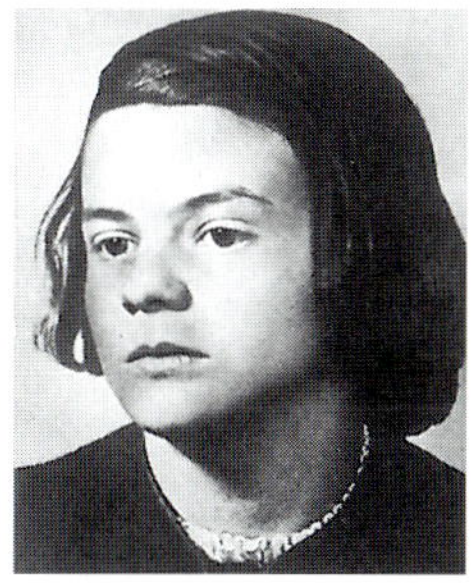

Hans Scholl (22.9.1918, hingerichtet am 22.2.1943).

Prozesse gegen Mitglieder der „Weißen Rose" fanden vor der Öffentlichkeit statt.

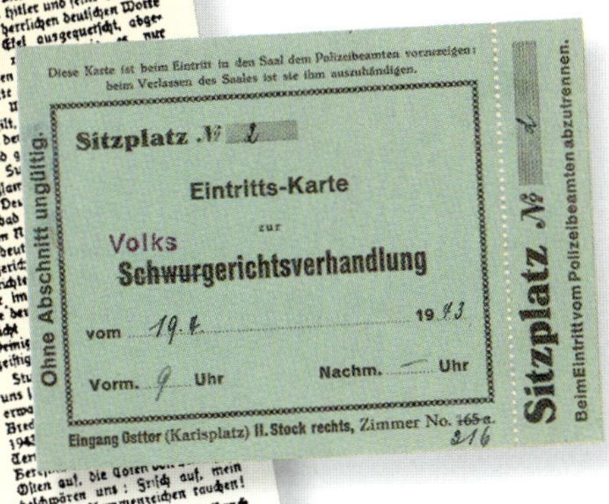

Flugblatt der „Weißen Rose", von Fliegern der Royal Air Force über Deutschland abgeworfen.

Die totale Zerstörung spart die Hochschule nicht aus.

Das Ende des Dritten Reiches beendet auch den Lehrbetrieb.

Die im Vorlesungsverzeichnis aufgeführten Listen der Universitätsangehörigen, die den „Heldentod" starben, wurden immer länger und umfassen insgesamt über 500 Namen. Die ständigen Bombenangriffe trafen auch die Universität schwer. Am 13. 7. 1944 wurde das Hauptgebäude zerstört, und bis Ende 1944 waren viele Kliniken und die meisten naturwissenschaftlichen Institute zerstört oder erheblich beschädigt.

Die Ehrenhalle mit Gedenktafeln für gefallene Dozenten und Studenten des Ersten Weltkrieges wurde im Juli 1944 zerstört.

Die Verkündung des „Totalen Kriegseinsatzes" am 1. 9. 1944 brachte den Lehrbetrieb fast zum Erliegen, da nur mehr Kriegsversehrte und Kriegerwitwen zur Erstimmatrikulation und Examenssemester zum Weiterstudium zugelassen wurden. Die Universität München meldete 294 Studenten und 1 292 Studentinnen – bei einer Gesamtzahl von 3 965 – zum Kriegseinsatz.

Nach einem Erlaß des Reichswissenschaftsministeriums vom 12. 10. 1944 sollten auch die Münchener Juristische, Staatswirtschaftliche und Philosophische Fakultät zur Gänze sowie die Naturwissenschaftliche und Medizinische Fakultät partiell stillgelegt werden.

Der Lichthof der Universität im Jahr 1944 - kurz bevor er in Trümmer fiel.

1944: Trügerische Ruhe vor dem Sturm.

Rektor Walther Wüst machte seinen Einfluß bei den zentralen Staats- und Parteistellen – von den Reichsministern Rust und Goebbels bis zu Reichsmarschall Göring und Reichsleiter Bormann – geltend und konnte die drohende De-facto-Aufhebung der gesamten Universität abwenden.

Aber nach den Zerstörungen vom Sommer 1944 und dem Wegzug von „ausgebombten" Dozenten konnte der Lehrbetrieb im Wintersemester 1944/45 nur mehr rudimentär mit großen Einschränkungen fortgesetzt werden.

Die Suche nach Ausweichquartieren und die Planung von Evakuierungsmaßnahmen – die medizinischen Kliniken sollten nach Haar verlegt werden – waren vordringlich.

Das Sommersemester 1945, das am 16. April beginnen sollte, fand nicht mehr statt. Im Unterschied zu 1918 markierte das Jahr 1945 mit den Kriegszerstörungen und dem Ende der Diktatur auch für die Universität München eine deutliche Zäsur.

Die Verwüstungen des Krieges legen das akademische Leben lahm.

Vorzeichen für die nationale Katastrophe: Am 13. Juli 1944 legten Bomben das Hauptgebäude der Universität in Schutt und Asche.

Stationen der Universitätsgeschichte nach der Stunde Null.

Der Brunnen vor dem Hauptgebäude in heutiger Sicht.

Tiefer und schmerzhafter Einschnitt: die Verwüstungen des Krieges.

Mahnung für Überlebende: Die Opfer des NS-Regimes und ihre Flugschriften.

Die wiederaufgebaute Universität auf einen Blick.

Wolfgang J.
Smolka

Die Zeit nach dem Zweiten Weltkrieg: 1945 bis heute

Trümmer und Schutt, Hunger und materieller Mangel, körperliches und geistiges Leid: der Krieg und seine unmittelbaren Folgen waren auch für die Universität München eine gewaltige Zäsur in ihrer fast 500jährigen Geschichte.

So war das erste Nachkriegsjahrzehnt tief geprägt von den ungeheuren Leistungen, welche für den Wiederaufbau erbracht wurden, von den enormen Schwierigkeiten, unter denen Forschung und Lehre wieder auf einen normalen Kurs gebracht werden sollten. Dennoch mündete all das zunächst in der Wiederherstellung von Gewesenem, Gewohntem und Bekanntem; die Universität wurde in dem Zustand restituiert, wie er etwa in der Zeit vor 1933 bestanden hatte.

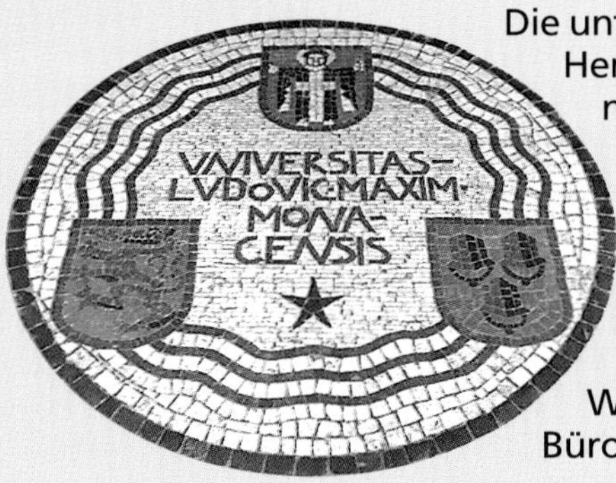

Bekenntnis zur Tradition: Bodenmosaik mit den Stadtwappen von Ingolstadt, Landshut und München.

Die unter dem Eindruck der NS-Herrschaft bewußt als politisch neutrale „Schutzzonen" konzipierten westdeutschen Universitäten erfuhren die tiefgreifendsten Veränderungen der Nachkriegszeit erst nach den intensivsten Jahren des Wiederaufbaus. Zunehmende Bürokratisierung und staatliche Reglementierung setzten die Autonomie der Universität von außen her unter Druck.

Die nachwachsende Studentengeneration, die nicht mehr unter dem unmittelbaren Eindruck von Krieg, NS-Zeit und Wiederaufbau stand, machte nun ihren aktuellen Problemen dort Luft, wo sie sich davon auch am betroffendsten fühlte: innerhalb der ehemals unantastbaren Mauern der Universität. Die Politisierung der Hochschulen, die Hochschulgesetzgebung des Bundes und der Länder, Zulassungsbeschränkungen, Studienreformkommissionen und Kapazitätsverordnungen veränderten seit den 70er Jahren die Rahmenbedingungen für Lehrende und Lernende stärker und vor allem nachhaltiger, als es Krieg und Zusammenbruch Jahre zuvor vermocht hatten.

Neu aufbauen, was in Scherben ging: der Weg aus dem Chaos.

Mut für einen neuen Anfang.

Am 30. April 1945 wird die Stadt München an die einrückende amerikanische Armee übergeben. In den letzten Monaten hatte sich universitäres Leben ohnehin nur noch zwischen Trümmern und in Privaträumen abgespielt. Eigentlich hatte das Wintersemester 1944/45 gar nicht mehr stattgefunden, auch wenn noch in Klinikräumen und Professorenwohnzimmern Prüfungen abgenommen worden waren und Doktoranden über Schutt und Trümmer stiegen, um ihre Dissertationen noch abzugeben. Am 14. Mai mußte die Universität auf Anordnung der amerikanischen Militärregierung alle Tätigkeiten einstellen. Tags darauf versammelten sich 15 Professoren und bestimmten aus ihrer Mitte den Altphilologen Albert Rehm als letzten erreichbaren Rektor aus der Zeit vor 1933 kommissarisch zum Rektor der Universität.

Gang durch die Ruinen entlang der zerstörten Hauptfront.

Rehm übernahm sein Amt ohne Bestätigung der amerikanischen Militärregierung, aber mit deren Akzeptanz. Wohl lag es Deutschen wie Amerikanern am Herzen, den Betrieb der Universität möglichst rasch wieder in Gang zu bringen, die Vorstellungen der Besatzungsmacht allerdings waren etwas zwiespältig: Einerseits sollten vor allem diejenigen Fakultäten - nach möglichst schneller und gründlicher Entnazifizierung des Lehrkörpers - baldigst wieder ihren Betrieb aufnehmen, die mit ihren Ausbildungseinrichtungen die nötigen Kräfte für den Aufbau eines demokratischen Deutschlands im Sinne der Besatzungsmacht zur Verfügung stellen konnten. Andererseits sollte die Wiedereröffnung der Universitäten unmittelbar mit einer Reform derselben verküpft werden. Da diese Reformpläne aber bei der amerikanischen Militärregierung nur ebenso vage wie langsam Formen annehmen wollten, bahnte sich die Universität München - wie alle anderen Universitäten in der amerikanischen Besatzungszone - ihren Weg zu einer Wiedereröffnung im Spiel der freien Kräfte zwischen universitärer Korporation, amerikanischer Militärregierung und deutscher Ministerialbürokratie.

Diplomatie des Neubeginns: schneller Wiederaufbau contra Universitätsreform.

Ein Versuch, Kontinuität zu erzielen: Albert Rehm, 1945 kommissarischer Rektor der Universität München.

Katastrophaler Mangel in allen Bereichen.

Jedenfalls waren die Rahmenbedingungen, welche Albert Rehm bei der Übernahme seiner Amtsgeschäfte als Rektor der Universität München vorfand, in jeder Hinsicht bedrückend. Über 70% der baulichen Substanz bestand nur noch aus Trümmern; besonders betroffen waren das historische Hauptgebäude sowie die Areale der Kliniken und der naturwissenschaftlichen Institute. Die Universitätsbibliothek hatte von rund einer Million Bücher etwa ein Drittel als Verlust zu beklagen. Was übrig blieb, war auf über 40 Auslagerungsorte in und um München verstreut.

Noch weitaus problematischer gestaltete sich die personelle Situation. Unter der Herrschaft der Nationalsozialisten waren etwa 20% der Professoren und Dozenten von der Universität entfernt und der Lehrkörper im Sinne des NS-Regimes umgestaltet worden. Mit der nach dem Krieg beginnenden „Entnazifizierung" oder „Epuration" wurde der Lehrkörper innerhalb weniger Jahre zum zweiten Mal von einer Entlassungswelle erfaßt, deren Umfang aber nun einmalig in seiner Geschichte war: bis Ende 1946 waren rund 80% der Hochschullehrer als belastet eingestuft und aus dem Dienst entfernt worden. Dabei genügten der Militärregierung oftmals schon geringe formale Anlässe. Auch viele Denunziationen taten zunächst ihre Wirkung.

Durch genauere Prüfung vieler Fälle mit anschließender Rehabilitation verringerte sich die Quote der Dienstenthobenen schließlich auf etwa 50%. Das war aber immer noch hoch genug, um erhebliche Lücken im Lehrkörper zu hinterlassen, welche nur schwer geschlossen werden konnten. Emigranten kehrten nur zögernd wieder nach München zurück, dagegen nahmen zahlreiche Emeriti nochmals ihre Lehrtätigkeit auf, um den Mangel an Hochschullehrern wenigstens vorübergehend zu mildern.

Die Trambahn auf der Ludwigstraße beginnt wieder zu fahren.

Schwierige Verständigung mit der amerikanischen Besatzungsmacht.

Im Sinne der „Selbstreinigung" wurde zunächst unter der Aufsicht der amerikanischen Militäradministration eine universitätsinterne Kommission tätig, welche Teil des von Rektor Rehm geleiteten Planungsausschusses war. Dieses „planning commitee" sollte nach dem Willen der Militärregierung als Keimzelle einer neuen Universität deren Wiedereröffnung in die Wege leiten. Binnen kurzer Zeit entwickelte sich jedoch gerade die Säuberung des Lehrkörpers zur zentralen Streitfrage zwischen Rehm und den Amerikanern, denn über die Kriterien, wer als Unbelasteter, als Mitläufer oder als Belasteter zu gelten hatte, waren die Vorstellungen recht unterschiedlich.

Dazu kam das Unverständnis der Amerikaner für manch deutsche Eigenheiten und Strukturen ebenso wie ihre unnachsichtige Kritik etwa an zu konservativen Lehrplänen, einem angeblich rückständigen medizinischen Unterricht oder den zu wenig Demokratie vermittelnden Lehrinhalten. So wurden die von Rehm mehrfach eingereichten Anträge auf Wiedereröffnung der Universität von der Militärregierung regelmäßig abgelehnt.

Sinnbild der verwirrten Verhältnisse: Archivraum im Institut für Zeitungswissenschaft.

Es darf wieder gelehrt werden.

Karl Vossler übernahm im Januar 1946 das Amt des Rektors.

Erster gewählter Nachkriegsrektor: Georg Hohmann.

Seit dem Sommer 1945, mit der Einsetzung der ersten bayerischen Nachkriegsregierung unter Ministerpräsident Schäffer, existierte auch wieder ein funktionsfähiges Kultusministerium unter Otto Hipp. Sowohl dessen erster Hochschulreferent, Universitätsprofessor Reinhard Demoll, wie Minister und Ministerpräsident selbst fielen nach kurzer Zeit schon wieder den Säuberungsaktionen der Amerikaner zum Opfer. Eine arbeitsfördernde Kontinuität trat erst unter der Regierung von Wilhelm Hoegner mit Kultusminister Franz Fendt ein. Letztendlich gelang es aber auch diesem nicht, die grundsätzlichen Unstimmigkeiten zwischen Rektor Rehm und der amerikanischen Militärregierung zu beseitigen. Im Januar 1946 resignierte Rehm und nur mit Mühe konnte man mit dem schon 73jährigen Romanisten Karl Vossler einen Nachfolger finden, welcher auch vor den Augen der Besatzungsmacht bestehen konnte.

Unter Rektor Vossler wurde endlich die Zustimmung zur Wiedereröffnung der Universität erreicht; zunächst für die Philosophische, Juristische, Staatswirtschaftliche und Naturwissenschaftliche Fakultät, die medizinische und tiermedizinische folgten nach. Die Theologische Fakultät hatte - allen voran - ihren Betrieb bereits im Februar aufgenommen. Schon 1945 hatte man allerdings unter der Leitung des Mathematikers Professor Kurt Vogel mit Förderkursen begonnen, um die Bildungsmängel der letzten Kriegsjahre bei den angehenden Studenten vor allem unter den Kriegsheimkehrern zu mildern und sie auf ein ordentliches Studium vorzubereiten.

Das Kultusministerium setzte den Beginn des ersten regulären Nachkriegssemesters auf den 1.April 1946 fest. Die feierliche Wiedereröffnung der Universität München erfolgte am 23. Juli 1946 und mit ihr gleichzeitig die Amtseinsetzung des ersten gewählten Nachkriegsrektors Georg Hohmann aus Frankfurt am Main und seines Prorektors Willibald Apelt aus Leipzig. Mit ihnen hatte man bewußt zwei Auswärtige an die Spitze der Münchener Universität gehoben, denn sie sollten unbelastet von den lokalen Ereignissen der ersten Nachkriegsmonate eine vermittelnde Stellung im Dreiecksverhältnis von Universität, Ministerium und Militärregierung wahrnehmen. Die Ludwig-Maximilians-Universität konnte nun immerhin den zweifelhaften Ruhm für sich in Anspruch nehmen, als letzte aller Hochschulen in der amerikanischen Besatzungszone den Betrieb wiederaufgenommen zu haben.

Komplizierte Schritte in einer komplexen Situation.

In den meisten Räumen war an Unterricht nicht zu denken.

Die Not und Entbehrung der ersten Jahre.

In den ersten beiden Nachkriegsjahren räumten die Amerikaner ihrer Reeducationpolitik und der rigorosen Entnazifizierung absoluten Vorrang ein. Sowohl die langanhaltenden Säuberungsaktionen wie auch schleppende Wiedereinsetzungen bzw. Rehabilitierungsmaßnahmen schufen in vielen Bereichen der Universitätsinstitute und Kliniken unerträgliche personelle Verhältnisse. Dies ließ nicht nur viele Wissenschaftler zögern, aus dem Exil nach München zurückzukehren, auch gelang es den Münchnern nur schwer, potente auswärtige Forscher für ihre Universität zu gewinnen, da diese vor allem in den britischen und französischen Zonen schneller berufen werden konnten und dort intaktere Arbeitsbedingungen vorfanden. Natürlich spielten auch die allgemeinen Lebensbedingungen im Nachkriegsmünchen eine enorme Rolle, weshalb auch andere wissenschaftliche Einrichtungen und Organisationen München noch lange Jahre aufgrund der schlechten Standortbedingungen mieden.

Aus Verzweiflung auf die Straße: Münchener Hungerdemonstration 1947.

Tatsächlich sind die Verhältnisse dieser Zeit - fünfzig Jahre danach - für uns kaum noch vorstellbar: 45% aller Münchener Bausubstanz war zerstört, es gab rund 300.000 Obdachlose, viele Münchner mußten noch Jahre in notdürftigen Unterkünften zwischen Schutt und Trümmern leben. Der Mangel an Nahrung, Bekleidung und Heizmaterial war allgegenwärtig, 70% der Münchener Studenten galten als unterernährt.

Wie die Körper der jungen Menschen, so war auch deren Geist ausgehungert. Schon Monate vor Wiedereröffnung der Universität registrierte der universitätsinterne Zulassungsausschuß rund 7.000 Immatrikulationsanträge. Aber nur 4.000 Studenten (davon 25% Frauen) sollten zunächst unter den gegebenen Umständen aufgenommen werden, doch wurde diese Beschränkung schon im Januar 1946 wieder aufgehoben. Zwei Jahre nach Kriegsende konstatierte Kultusminister Hundhammer dann bereits einen „besorgniserregenden“ Anstieg der Studentenzahlen an allen bayerischen Universitäten; wiederum zwei Jahre später zählte die Münchener Universität ihren zehntausendsten Studenten (1939 waren es gerade halb so viele).

Fast die Hälfte der Münchener Häuser lag in Schutt und Scherben.

Die materielle Not der Studenten war groß. Selbst in den Jahren des Wirtschaftswunders waren noch zwischen 30% und 60% der Studenten als Werkstudenten tätig, um ihren Lebensunterhalt und ihre Studienkosten bezahlen zu können. Zu letzteren zählten übrigens noch bis 1969/70 Hörgelder, also Studiengebühren, deren Erlaß oder Milderung nur ein Universitätsausschuß gewähren konnte. Klagen über zu geringe Stipendien und Unterstützungen für die Studierenden waren ein fester Bestandteil in den Rechenschaftsberichten der Nachkriegsrektoren ebenso wie der studentischen Organisationen.

Schon 1945 war im Kultusministerium ein eigenes Referat für Studentenangelegenheiten eingerichtet worden, das sich vornehmlich mit der Beschaffung von Wohnraum, Kleidung und Büchern, später auch von Stipendien beschäftigte. Daneben war die Neukonstituierung des Studentenwerks ein Hauptanliegen. Dessen Studentenhaus an der Luisenstraße war völlig zerstört worden, die Studentenwohnheime hatten beträchtliche Schäden erlitten, und was noch zu gebrauchen war, wurde zunächst meist fremdgenutzt.

Der Wiederaufbau des Studentenwerks erfolgte von der ersten Nachkriegsstunde an unter wechselnden Leitungen; erst 1948 erhielt es die Rechtsform einer gemeinnützigen Anstalt des öffentlichen Rechts. Wie in anderen Bereichen wurden in den Jahren des Wiederaufbaus große Pläne für eine zentral zwischen den Münchener Hochschulen gelegene Anlage mit Mensen, Bibliotheken, Sälen und Büros von der Realität eingeholt und mediokren Teillösungen geopfert, die aber der Münchener Studentenschaft immer noch lebenswichtige Unterstützungen boten.

Heute betreut das Münchener Studentenwerk 110.000 Studenten - so viele, wie 1950 an allen deutschen Universitäten und Technischen Hochschulen insgesamt studierten!

Illustrer Kreis: Rektor Michael Schmaus mit Würdenträgern anderer Universitäten.

Mit der Wiedereröffnung der Universität hatte sich auch der AStA als Vertretung der Studentenschaft wieder konstituiert und bayernweit mit anderen Studentenvertretungen in einer Dachorganisation zusammengeschlossen. In der Not der ersten Jahre standen bei seiner Arbeit die Wohnraumbeschaffung und das Mensawesen weit mehr im Vordergrund als alle anderen Belange. Nach der Währungsreform fanden aber auch die Selbstvertretungsinteressen der Studentenschaft wieder mehr Raum, ebenso wie die Mitarbeit an der Gestaltung des akademischen Lebens, z.B. des Studentenaustausches im Rahmen der internationalen Gelehrtenwochen.

Studenten kämpfen gegen materielle Nöte und für Mitbestimmung.

Nach der Wiederzulassung des studentischen Verbindungswesens im Jahr 1952 unter Rektor Schmaus stellten die Vertreter der Korporationen einen großen Anteil der AStA-Funktionäre. Erst ab den 60er Jahren, unter dem Einfluß der studentischen Nachkriegsgeneration und der Politisierung der Hochschulen, sollte die Kluft zwischen Korporierten, der Studentenvertretung und der übrigen Studentenschaft selbst wieder größer werden.

Lehren und Lernen zwischen Trümmern.

Neue Funktionen für Studenten und Lehrgebäude.

„In München nützt das Abitur,
Mein Freund, zum Studium keine Spur,
Wenn Du, ob Heide oder Christ,
Zugleich nicht auch im Bautrupp bist."

Strophe aus dem „Bautruppgedicht" F. Thierfelders, 1946.

Einen einzigartigen individuellen Beitrag leisteten die Studenten der unmittelbaren Nachkriegsjahre durch ihre Arbeit im Studentenbautrupp unter der Leitung des Ägyptologen Hans Wolfgang Müller. Die Mitarbeit erfolgte zunächst auf freiwilliger Basis, ab dem Wintersemester 1946/47 bezog sie den halbjährigen studentischen Aufbaudienst ein, dessen Ableistung vom Kultusministerium zur allgemeinen Voraussetzung für eine Studienzulassung gemacht wurde. Zunächst mit Schutträumung und notdürftiger Instandsetzung vor allem im Universitätshauptgebäude beschäftigt, wurde der Bautrupp bald zum unentbehrlichen „Mädchen für alles", dessen Aufgaben von Wach-, Not-, Aufsichts- und Transportdiensten bis hin zur Unterstützung der Baufirmen reichte, die mit dem Wiederaufbau des Hauptgebäudes und der Institute beauftragt waren. Erst 1949 wurde der Bautrupp wieder aufgelöst, in der Erinnerung der Nachkriegssemester ist er Legende geworden.

Ausweichquartier: Der Bayerische Senat tagt in der Universitätsaula.

Wegräumen, was an schlimme Zeiten erinnert.

Überhaupt regte sich viel Leben zwischen den Trümmern. Die große Aula im Universitätsgebäude war weitgehend unzerstört geblieben und als einer der wenigen nutzbaren großen Säle in München begehrter Platz für allerlei Tun geworden: die Münchner Philharmoniker gaben dort ab Sommer 1945 mit Eugen Jochum, Hans Knappertsbusch oder Wilhelm Furtwängler viele ihrer Nachkriegskonzerte, es fanden die ersten Gedenkfeiern für die Mitglieder der Weißen Rose dort statt, internationale Literaten und Philosophen fanden hier ein Publikum, das der freien Gedankenentfaltung dankbar lauschte.

Aktiv im praktischen Dienst: der Studentenbautrupp 1947 auf einem zeitgenössischen Aquarell.

Denkwürdig ist auch die Rolle der Aula bei der Konstituierung des neuen bayerischen Staates: In ihr tagten der Beratende Landesausschuß und die Verfassungsgebende Landesversammlung, wurde die neue bayerische Verfassung beschlossen und konstituierte sich der erste gewählte bayerische Nachkriegslandtag. 1953 allerdings mußte die Aula wegen Baufälligkeit geschlossen werden, seit 1984 erstrahlt sie wieder im Charme ihres Jugendstilinterieurs.

Die große Aula der Universität München, heute wieder Ort akademischer Feiern.

Die Unterbringung von Fakultäten und Instituten wird neu geordnet.

Neues fügt sich zu Altem.

Der materielle Wiederaufbau der Universität nahm in den ersten beiden Nachkriegsjahrzehnten naturgemäß besonders breiten Raum ein. Nach Kriegsende standen im Hauptgebäude von den ehemals 62 Hörsälen gerade noch 12 zur Verfügung. Im Universitätshauptgebäude mußten aber rund 70% der Studenten ihre Vorlesungen hören. Neben der symbolischen wie historischen Bedeutung des Gebäudes war dies mit ein Grund, weshalb dessen Wiederherstellung besondere Bedeutung beigemessen wurde. Zwölf Jahre dauerte es allerdings, bis der Bau wieder das Aussehen erhalten hatte, das wir von heute kennen. Mit den Erweiterungsbauten im Norden und Süden des historischen Haupttraktes repräsentiert es immer noch „die Universität" als Gesamtes und symbolisiert mit seiner zentralen Lage die Einbindung der Universität in die Stadtgemeinde München.

Investition in Naturwissenschaften: das neu erbaute Institut für Biochemie.

Der hohe Grad der Zerstörungen legte Überlegungen zu einer grundsätzlichen Neuordnung der Hochschulverhältnisse in München nahe, etwa zur Befreiung der Universität aus dem beengenden Umfeld der Innenstadt durch Verlagerung außerhalb des Bannkreises der Stadt. In den Folgejahren, als die Studentenzahlen sprunghaft und unabsehbar stiegen, dachte man zeitweise sogar an die Gründung einer weiteren Münchener Universität. Eine gänzlich neue Universität wurde aber in dieser Situation nicht geschaffen. Trotzdem waren bauliche Neuansätze möglich, vor allem dort, wo Zerstörtes nicht mehr wiederhergestellt werden konnte, sondern eines kompletten Ersatzes bedurfte. Davon zeugen heute beispielsweise die im typischen Nutzbautenstil der 50er und 60er Jahre erstellten Gebäudekomplexe der Tierärztlichen Fakultät zwischen Königinstraße und Englischem Garten. Besonders umfassend ist auch der Neubaukomplex der naturwissenschaftlichen Institute im Bereich von Sophien-, Karl-, Arcis- bzw. Meiser- und Luisenstraße.

Vollständiger Neubau: die Tierärztliche Fakultät am Englischen Garten.

Sinnfällige Wandgestaltung an einem Bau der Tierärzte: der Pelikan als alma mater, als „nährende Mutter"?

Ausdruck der neuen Zeit: der Baukomplex des Mathematischen Instituts und der Mineralogen.

Neu gebaut und wieder aufgebaut:
das Geologische Institut, die von Hermann Anschütz-Kaempfe gestiftete Universitätsreitschule (Gebäude von 1927), der Große Hörsaal in der Tierklinik.

Trotz ernsthafter Planungen, welche bereits in der Vorkriegszeit betrieben worden waren, erhielt die Universitätsbibliothek dagegen keinen Neubau, da die städtebauliche Situation am Hauptgebäude dies nicht mehr zuließ. Für sie wurde der Universität der am südlichen Hauptgebäude anschließende sogenannte Salinenbau übertragen, das rote Backsteingebäude an Ludwig- und Schellingstraße, welches auch heute noch Zentrum des universitären Bücherberges ist.

Die Kliniken und Institute der Medizinischen Fakultät, im Westen den Sendlinger-Tor-Platz großräumig umfächernd, waren ausschließlich im 19.Jahrhundert und noch um die Jahrhundertwende entstanden und wiesen schon vor dem Krieg erhebliche Defizite auf, was deren moderne Nutzbarkeit anging. Auch hier wurden aber beim Wiederaufbau die alten Standorte beibehalten, allerdings zwangen die Überlegungen über eine gesunde Weiterentwicklung vor allem der Medizinischen und der Chirurgischen Klinik bald zum Umdenken.

1955 wurde für diese Kliniken ein Neubau in Stadtrandlage beschlossen: der Startschuß für das Klinikum Großhadern war gefallen. Der erste Bauabschnitt konnte jedoch erst 1967/68 begonnen werden, womit das Klinikum das Schicksal mit vielen anderen Bauvorhaben der Universität teilte. Gründe hierfür waren nicht nur die knappen Ressourcen - bis 1958 waren rund 65 Millionen Mark verbaut und der weitere Bedarf auf 314 Millionen veranschlagt worden. Durch die Baumaßnahmen war vielmehr auch ein ungeheurer Planungs- und Verwaltungsaufwand provoziert worden, dessen träge Bürokratie schnell zum vielgescholtenen Hemmschuh der Wiederaufbaubemühungen seitens der Universität wurde.

Verzögerungen bei der Lösung schwieriger Probleme.

Verfasser eines kritischen Lageberichts: Rektor Josef Nikolaus Köstler, 1954.

Schleppender Wiederaufbau, räumliche Bedrängtheit der Universität und eine miserable Ausstattung der Institute verursachten einen ebenso drastischen wie empörten „Bericht über die Lage im Jahr 1954", den der damalige Rektor Nikolaus Köstler an alle maßgebenden Stellen und Personen des öffentlichen Lebens verteilen ließ.
Darin beklagte er sich nicht nur über die in allen Bereichen mäßige Finanzierung des Hochschulwesens, sondern eben auch über die zunehmende und alles erdrosselnde Bürokratie. In diese Zeit fällt auch die häufig geäußerte Kritik der Rektoren über die Kosten für die Wiederbewaffnung der Bundesrepublik; gegenüber einem Verteidigungshaushalt von 9-10 Milliarden Mark jährlich wirkten die Ausgaben für Bildung und Wissenschaft bei Bund und Ländern geradezu jämmerlich. Köstlers Amtsnachfolger Marchionini rechnete 1955 vor, daß durch eine Verschiebung der Bundeswehrgründung um nur ein Jahr die Sanierung des gesamten bundesdeutschen Hochschulwesens mit einem Schlag finanziert werden könnte.

Beeinträchtigungen des Lehrbetriebs in den 50iger Jahren.

Räumliche Enge als Folge der harten Zeiten: dicht gedrängte Seminarveranstaltung.

Friedrich Klingner, Rektor aus den Reihen der Philologen (1956/57).

Mit den Wiederaufbaumaßnahmen der Universität setzte sich auch die Tendenz der Dislozierung ihrer Einrichtungen in verstärktem Maße fort, ein Trend, der auch heute noch nicht zum Stillstand gekommen ist. Zu den „Neuanschaffungen" der Nachkriegszeit zählte übrigens auch das Observatorium auf dem Wendelstein, eine Außenstelle der Universitätssternwarte, die so zum südlichsten Posten der Münchner Universität geworden war. Damit konnte 1960 Rektor Eugen Ulmer nicht ohne Stolz feststellen: „Die Ludwig-Maximilians-Universität erstreckt sich vom Wendelstein bis zu den Wäldern von Landshut".

Das Rektoren-Duo Joseph Pascher (1958/59) und Eugen Ulmer (1959/60).

Ansicht des Beobachtungsturms.

Außenstelle der Universität in den Alpen: das Observatorium auf dem Wendelstein.

Selbstverwaltung und neue Verfassung.

Vom Sonnenobservatorium auf dem Wendelstein bis zu den universitätseigenen Waldungen bei Landshut, vom Symbol moderner wissenschaftlicher Exploration bis zu den Resten korporativer Selbständigkeit: Das war die ganze Spannweite der Existenz der Universität der Nachkriegszeit, in der sie sich zu behaupten hatte.

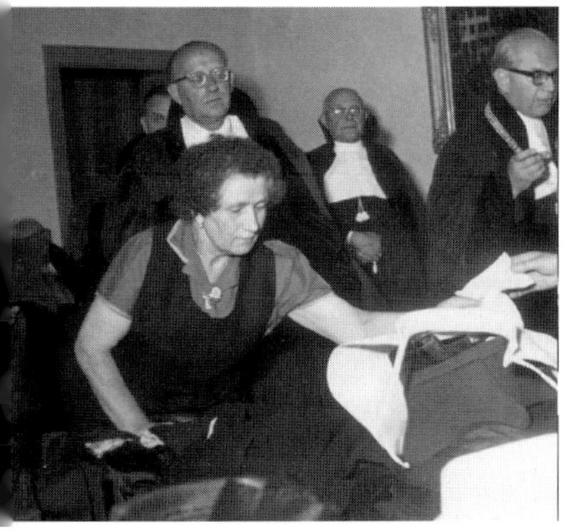

Sichtbare Professorenwürde: die Talare werden angelegt.

In der Verfassung des neuen bayerischen Staates vom 2. Dezember 1946 war den Hochschulen ihr Selbstverwaltungsrecht garantiert worden, auch wenn der Staat deren Einrichtung und Verwaltung als seine Aufgabe reklamierte. Ein erster Entwurf Albert Rehms zu einer neuen Universitätsverfassung vom September 1945 hatte in den wesentlichen Punkten auf die alten Satzungen von 1920/26 zurückgegriffen und damit die vom NS-Staat geleisteten Eingriffe in die Hochschulautonomie annulliert. Rehms Entwurf bekam aber niemals offiziellen Status, auch wenn die Universität in den ersten Nachkriegsjahren ihr Leben danach gestaltete.

Dies gewann um so mehr an Bedeutung, als gerade unmittelbar nach dem Krieg unter Führung der Besatzungsmächte Reformbestrebungen in Gang gekommen waren, welche die korporativen Rechte der Hochschulen einschränken sollten - was allerdings am heftigen Widerstand der restituierten Hochschulen selbst vorläufig scheiterte.

Der Senat der Universität München beschloß am 27. Juli 1953 einen neuen Verfassungsentwurf, welcher am 2. März 1955, allerdings zur „Satzung" degradiert, die ministerielle Genehmigung erhielt. Die Münchener Universität hatte damit Geschichte geschrieben, da sie als erste deutsche Universität aufgrund selbständiger Rechtshoheit ihre Satzung als Körperschaft des öffentlichen Rechts gestaltet hatte.

Ämter, Titel und Funktionen.

Nach dieser Satzung bestand die Ludwig-Maximilians-Universität aus sieben Fakultäten, deren Geschäfte von jeweils einem auf ein Jahr gewählten Dekan geführt wurden; sein Vertreter (Prodekan) war der jeweilige Amtsvorgänger. Als Haupt der Universität amtierte der Rektor, auf ein Jahr aus dem Kreis aller ordentlichen und planmäßigen außerordentlichen Professoren gewählt. Er erhielt die Ehrenbezeichnung „Magnifizenz", war Vorsitzender des Akademischen Senats und des Verwaltungsausschusses.

Der Universitätschor singt in der großen Aula.

Der Senat als höchstes beschlußfassendes Organ der akademischen Selbstverwaltung bestand aus Rektor und Prorektor (dem jeweiligen Amtsvorgänger), einem Referenten des Verwaltungsausschusses, den Dekanen und mehreren Wahlsenatoren. Dazu traten Vertreter der Nichtordinarien und wissenschaftlichen Assistenten, der Beamten und Studierenden. Der Syndikus als Leiter der allgemeinen Universitätsverwaltung nahm beratend teil. Mehrere Ausschüsse verwalteten und entschieden in den unterschiedlichsten Bereichen des akademischen Lebens. Zu den bedeutendsten davon, für das korporative Selbstverständnis wie für das Funktionieren der Universität selbst, gehörte der Verwaltungsausschuß, der heute noch in der „Haushaltskommission" weiterlebt.

In einem solcherart gestalteten, gewissermaßen exemten Lebensraum, hatte manche wiedergeübte Handlung im akademischen Leben durchaus noch ihren Inhalt. Man würde dies heute vielleicht zur „corporate identity" zählen, hätten es nicht nachfolgende Generationen als „Muff von tausend Jahren" bekämpft. Höhepunkte im akademischen Zyklus dieser Jahre waren die Rektoratsübergabe, das Stiftungsfest und die Immatrikulationsfeiern, bei denen die neu immatrikulierten Studierenden persönlich in einer Feierstunde durch den Rektor begrüßt wurden. Im Kreis der Professoren und unter Gegenwart der Universitätsinsignien vollzog sich jeweils zu Beginn des Wintersemesters die feierliche Amtsübergabe zwischen altem und neuem Rektor nach Jahrhunderte geübtem Ritus durch Übergabe der Amtskette mit Handschlag und feierlichem Versprechen. Mit dem Stiftungsfest wurde alljährlich der Gründung der Universität gedacht; ein Brauch, der, wie Rektorwechsel und Immatrikulationsfeier, den tumultösen Ereignissen 1968 zum Opfer gefallen, aber 1984 wiederaufgenommen worden war.

Verbindliche Handlung: Übergabe der Amtskette durch Alfred Marchionini an Melchior Westhues.

Von großer Bedeutung für das akademische Selbstverständnis war seit eh und je auch die Verleihung von Ehrentiteln. Neben der Verleihung des Doktortitels ehrenhalber durch die Fakultäten schmückte sich die Gesamtuniversität durch die Ernennung von Persönlichkeiten aus Wissenschaft, Politik und Wirtschaft zu Ehrenbürgern, unter diesen finden sich Namen wie Theodor Heuss oder Hans Knappertsbusch. Seit dem Münchener Stadtjubiläum im Jahr 1958, erstmals mit Herzog Albrecht von Bayern, verlieh die Universität in dieser Tradition den Titel eines Ehrensenators. Davon wird bis heute Gebrauch gemacht.

Zwiespältiger Blick zurück.

Dergestalt fand universitäres Leben nach innen und außen im Spannungsverhältnis zwischen jahrhundertealter Tradition, den dringenden Bedürfnissen der Gegenwart und einem - wie auch heute noch - wohl eher bedenklichen Blick auf die Zukunft statt. Der Rückgriff in die Tiefen der eigenen Geschichte war in den ersten beiden Nachkriegsjahrzehnten noch beliebt und spiegelt sich in fast jeder Rektorrede ebenso wie in den offiziellen Publikationen der Gesamtuniversität wider. Diese Form der Rückbesinnung auf die eigene Geschichte war allerdings auch trügerisch, lenkte sie doch ab von der eben erst Vergangenheit gewordenen Gegenwart, den zwölf Jahren NS-Herrschaft.

Zumindest im alljährlichen Gedenken an die Mitglieder der „Weißen Rose" gelang der Universität vom ersten Nachkriegsjahr an eine Annäherung an ihre jüngere Vergangenheit. Als eines der wertvollsten Güter, das die Münchener Universität zu bewahren hat, wird dieses Andenken bis heute in einer jährlichen Feierstunde im Februar wachgehalten und in einem Bronzerelief im Lichthof des Hauptgebäudes - dessen Anschrift seit 1946 „Geschwister-Scholl-Platz" lautet - dokumentiert. Es stammt von der Hand des Münchener Bildhauers Lothar Dietz; an dem 1955 ausgeschriebenen Wettbewerb hatten sich 275 Künstler aus dem In- und Ausland beteiligt! 1958 wurde das Mahnmal zusammen mit dem nun wiederhergestellten Lichthof eingeweiht, dort, wo 15 Jahre zuvor die Geschwister Scholl ihre Flugblätter abgeworfen hatten. Romano Guardinis Gedenkrede an diesem Tag stand unter dem Motto der letzten Worte von Hans Scholl: „Es lebe die Freiheit".

Rückbesinnung als Auftrag und Chance.

Ehrendes Andenken für den studentischen Widerstand.

Das Mahnmal der „Weißen Rose" im Lichthof der Universität.

Professorendelegation zum Fest der 800jährigen Stadtgründung auf dem Münchener Marienplatz.

1958: Jubiläum für Stadt und Universität.

Ein Anlaß des Gedenkens ganz anderer Art ergab sich im gleichen Jahr durch die Feier des 800jährigen Stadtgründungsfestes Münchens, das unter lebhafter Beteiligung Münchener Professoren vorbereitet worden war. Egon Wiberg konnte als amtierender Rektor bei dieser Gelegenheit gleich darauf hinweisen, daß nicht nur München seinen 800. Stadtgründungstag, sondern auch seine Universität den 500. Jahrestag ihrer geistigen Geburt feiern dürfe, da Herzog Ludwig der Reiche 1458 den Entschluß zur Gründung einer Universität gefaßt hatte. Wiberg zitierte dazu passend die Gründungsbulle von Papst Pius II., in der besonders auf die Symbiose von Stadt und Universität verwiesen wird.

Ein enges Zusammenleben von Kommune und Hochschule war nicht etwa nur Wunschdenken, sondern erfreuliche Realität. Bereits unmittelbar nach dem Krieg hatte die Stadt nach Kräften am Aufbau der Universität mitgewirkt, u.a. bei der Wohnraumbeschaffung für Studenten oder bei der Arbeitsbeschaffung (Studenten wurden beispielweise zu Teilzeit-Straßenbahnschaffnern ausgebildet). Die Universität war beliebter Platz öffentlicher kultureller Veranstaltungen, und für die Gewinnung bedeutender Gelehrter hatten sich nach dem Kriege Oberbürgermeister Karl Scharnagl und sein Kulturbeauftragter Ludwig Held persönlich ins Zeug gelegt. Finanzielle Zuwendungen an Einrichtungen von Universität und Studentenwerk, z.B. zur Durchführung internationaler Ferienkurse, dokumentierten ebenso die Verbundenheit der Stadt wie andererseits die intensive Beteiligung der gesamten Universität an den Feierlichkeiten des Stadtjubiläums.

Egon Wiberg, Rektor 1957/58.

Im Münchener Jubeljahr konnten sogar die Grundlagen für eine Stadt in der Stadt gelegt werden: Der lang gehegte und mit Nachdruck verfolgte Wunsch Egon Wibergs nach einer Cité Universitaire, einer internationalen Studentenstadt nach Pariser Vorbild, rückte überraschend schnell einer Verwirklichung näher. Ministerpräsident Hanns Seidel ermöglichte in kurzer Zeit, daß der bayerische Staat ein 80.000 m² großes Grundstück in München-Freimann, in unmittelbarer Nachbarschaft des Englischen Gartens, zur Verfügung stellte. Die Max-Kade-Foundation gab mit 1 Million Mark ein beachtliches Startkapital dazu. Der Baubeginn erfolgte 1961 nach den Plänen von Ernst Maria Lang.

Eine Cité Universitaire nach Pariser Vorbild wurde die Anlage in Freimann allerdings dann doch nicht, sondern einfach nur die Studentenstadt Freimann - glücklicherweise, wie viele meinen. Die größte Studentenstadt der Bundesrepublik ist sie allemal.

Willkommene Entscheidung: Grundsteinlegung für die Münchener Studentenstadt.

Steigende Anziehungskraft, neues Renommee und zeitgemäße Impulse.

Auch die Münchener Universität war in diesen Jahren bereits die Größte, mit Sicherheit im Hinblick auf die Zahl der Mitarbeiter und Studenten. Was die Meßbarkeit der Qualitäten in Forschung und Lehre angeht, so mag man gewiß darüber trefflich streiten können in einer Zeit, in der die deutschen Universitäten in Hochglanzmagazinen auf rating lists gehandelt werden, als wären sie meßbar wie die Bonitätsraten internationaler Geldinstitute. Auf jeden Fall hatte die Ludwig-Maximilians-Universität trotz ihrer Startschwierigkeiten nach dem Krieg relativ schnell auch wieder ihre alte wissenschaftliche Reputation aus der Vorkriegszeit hergestellt. Gelehrte mit hohem Ansehen und aller Fachrichtungen trugen dazu bei.

Prestigeträger für die Uni München: der Historiker Franz Schnabel.

Hoch angesehen im In- und Ausland: Romano Guardini, Theologe und Philosoph.

Erinnert sei hier etwa an den Historiker Franz Schnabel, den Theologen und Philosophen Romano Guardini, oder an den Biochemiker und Nobelpreisträger Adolf Butenandt.

Natürlich spielte auch die Infrastruktur dabei eine Rolle. Im Bereich der Geisteswissenschaften konnten beispielsweise wieder die Schätze der Münchener Bibliotheken ihre Anziehungskraft entfalten, naturwissenschaftliche Institute wurden wieder oder neu errichtet, und auch die Aussicht auf die Arbeitsmöglichkeiten in einem modernen Klinikum in Großhadern lockte manche Kapazität nach München.

Auch mutige Neuansätze wollte man wagen: So sollte beispielsweise ab 1965 an der Universität München ein interfakultatives „Zentrum für Politische Wissenschaft" entstehen, das als Kern ein eigenes Politikwissenschaftliches Institut besitzen, aber auch sämtliche relevanten Personen und Lehrstuhlinhaber der juristischen, staatswirtschaftlichen, kultur- und geschichtswissenschaftlichen Fakultäten „zur gemeinsamen Arbeit an Problemen der politischen Forschung und Lehre" zusammenziehen sollte. Keimzelle des Unternehmens wurde ein Lehrstuhl für Politische Wissenschaft, der 1958 für den aus der Emigration zurückgekehrten Eric Voegelin errichtet worden war, zu einer Zeit immerhin, als man noch darum stritt, ob Politik überhaupt

Vergleichende Betrachtung: Bibliotheksraum einst und jetzt.

Willkommen in München! Universitätsrektor Josef Nikolaus Köstler begrüßt Stipendiaten aus aller Herren Länder.

Gegenstand der Wissenschaft sein könne. Zu Voegelins Lehrstuhl hatte sich bald ein zweiter gesellt, besetzt mit dem nachmaligen Kultusminister in Bayern, Hans Maier. Das Zentrum für Politikwissenschaft als eine gewaltige, alles überspannende Forschungseinrichtung blieb letztendlich Fiktion; Wirklichkeit wurde dagegen das aus den beiden politikwissenschaftlichen Lehrstühlen hervorgegangene „Geschwister-Scholl-Institut für Politische Wissenschaft".

Wie die junge Bundesrepublik in der Staatengemeinschaft, so mußten auch die Universitäten neu um ihre internationale Anerkennung kämpfen. Sichtbares Zeichen für die Bemühungen der Ludwig-Maximilians-Universität um Anschluß an die internationale scientific community war das 1955 mit der „Pariser Universitätswoche" inaugurierte Colloquium Europaeum. In dessen Rahmen fanden sich bis 1964 skandinavische, italienische, niederländische, schottische u. v. a. Gelehrte jeweils für mehrere Tage zu den Münchener Universitätswochen ein. Mit Neuerrichtung der akademischen Auslandsstelle 1952 kamen erstmals wieder ausländische Stipendiaten nach München; der Anteil ausländischer Studenten an der LMU betrug 1952 rund 4% und sollte bis 1961 auf etwa 9% steigen, eine Größenordnung, die auch heute noch Gültigkeit hat.

Andererseits konnten auch immer mehr Münchener Studenten wieder das Ausland aufsuchen, u.a. mit Stipendien des von dem jüngst verstorbenen amerikanischen Senator Fulbright initiierten akademischen Austauschprogramms. Senator Fulbright stattete der Münchener Universität übrigens im Jahre 1964 selbst einen Besuch ab.

Das wiedergewonnene Ansehen in der Welt fördert den internationalen Austausch von Studenten.

Stiftungsfest 1966: Rektor Ludwig Kotter nach seiner Rede.

Julius Speer und Gerhard Weber - Rektoren der Jahre 1960-63 und 1963-65.

Die Politisierung des Studiums schreitet voran.

Mit der Initiative „Aktion 1. Juli 1965" machten die Studenten zum ersten Mal bundesweit auf den „Bildungsnotstand" aufmerksam. Ein Zustand, welcher bereits zum Schlagwort geworden war und ein ganzes Bündel an Unzulänglichkeiten im westdeutschen Bildungswesen bezeichnete, im Hochschulbereich insbesondere die sozial ungleichen Bildungschancen oder die geringen Ausgaben von Bund und Ländern im Gegensatz zu den rasch wachsenden Studentenzahlen. Die Forderung nach einer grundsätzlichen Umstrukturierung, nach der Umwandlung der „Ordinarien-Universität" in eine „Gruppen-Universität" im Sinne paritätischer Mitbestimmung, wurde erst im Zuge der weiteren Diskussion und politischen Mobilisierung der beteiligten Gruppen laut.

Auch an der Ludwig-Maximilians-Universität fand die „Aktion 1.Juli" statt, unter Beteiligung von etwa 4.000 Studenten, mit moderaten Tönen und ohne Zwischenfälle, mit Reden des AStA-Vorsitzenden Kurt Faltlhauser und des LMU-Professors und frischgewählten DFG-Präsidenten Julius Speer. Studenten und Professoren konnten durchaus gleiche Ziele ausmachen und die Universität zeigte sich grundsätzlich gar nicht so reformfeindlich. Nach Bemühungen des AStA wurden beispielsweise die Studentenvertreter zu den Sitzungen fast aller Fakultäten beigezogen. Eine Konfrontation mit den Studenten wurde wohl an der Münchener Universität zunächst weniger befürchtet als die mit dem Staat: „Von der staatlichen Förderung zur staatlichen Lenkung ist oft nur ein kleiner Schritt", orakelte Rektor Ludwig Kotter in Sachen Hochschulpolitik 1966 beim Stiftungsfest.

Das Übergreifen der Studenten- und Jugendprotestbewegung aus den USA, Proteste gegen die Große Koalition in Bonn, der Unmut einer neuen Jugendgeneration gegen die Autorität des „bürgerlichen Staates" und die Notstandsgesetzgebung, der Tod des Studenten Benno Ohnesorg beim Schahbesuch 1967 in Berlin: Das war die Kulisse, vor der auch in München und an der LMU die ersten Anzeichen für ein Beben im akademischen Freiraum auftraten, zunächst als Störungen der Rektoratsübergabe oder der Geschwister-Scholl-Gedenkfeier.

Eine Eskalation der Ereignisse erfolgte im April 1968 nach dem Attentat auf Rudi Dutschke. Bei der Belagerung des Münchener Buchgewerbehauses durch Studenten und radikale Gruppierungen kamen der Reporter Klaus Frings und der Student Rüdiger Schreck ums Leben. Auf einer Großkundgebung am Königsplatz gelang es dann Politikern und Studenten zwar, die Gewaltbereitschaft zu reduzieren. Positiv machte sich in dieser Situation auch die auf Dialog mit den Konfliktgruppen abgestimmte „Münchener psychologische Linie" beim Polizeieinsatz bemerkbar, die aus den Erfahrungen während der Schwabinger Krawalle von 1962 hervorgegangen ist. Doch die Gräben waren nun gezogen.

Die Lage 1968: rasant und nicht ohne Risiko.

Proteste mit tragischem Ausgang: Tod des Reporters Klaus Frings 1968 bei einer Studentenaktion.

Anti-Imperialismus und Kommunismus: Schlagworte im „Kampf der Studenten".

Die studentischen Aktionen, oftmals nicht klar trennbar von denen vereinzelter radikaler Grüppchen, verlagerten sich im wesentlichen ins Innere der Universität. Störungen der Lehrveranstaltungen oder der Senats- und Fakultätssitzungen, Besetzungen von Rektorat und Institutsräumen, „Aktionswochen" des AStA, aber auch ernstgemeinte Diskussionsveranstaltungen, teach-ins und sit-ins gehörten zum universitären Alltag.

Rohrbomben in der Juristischen Fakultät, Polizeieinsatz im einst sorgsam gehüteten Freiraum Universität, oder die gewaltsame Sprengung der Rektorwahl 1971, welche erstmals in ihrer Geschichte außerhalb der Mauern der Universität stattfinden mußte, gehören wohl zu den unerfreulichsten Erinnerungen an diese bewegte Zeit, welche etwa bis 1974 andauerte.

Peter Walter, der Universitätsrektor von 1969 bis 1971.

Amtsvorgänger Audomar Scheuermann, Rektor 1968/69.

Grünes Licht für bedeutende Veränderungen.

In dieser Zeit veränderte die Universität auch auf andere Weise ihr Gesicht. Unabhängig von staatlichem Oktroi oder Gruppenprotesten leitete die Universität mit einigen Änderungen in ihrer klassischen Struktur die bedeutendste Reformepoche ihrer Geschichte ein.

Nach ersten Bemühungen 1961 erhielt die LMU 1965 einen Kanzler als leitenden Verwaltungsbeamten, unter dem alle Verwaltungsteile der Universität in einer zentralen Verwaltung zusammengefaßt wurden. Der Verwaltungsausschuß erhielt neben dem Senat die bedeutendste Stellung als Selbstverwaltungsgremium und griff direkt auf die Zentralverwaltung als Exekutivorgan zurück. Als Tendenz zu einer „professionelleren" Universitätsleitung, aber auch als Reaktion auf staatliche Planungsaufgaben, entstanden 1970 ein hauptamtlich besetzter Planungsstab und eine Planungskommission. Der Verwaltungsausschuß wurde im gleichen Jahr durch den Haushaltsausschuß mit weitgehend identischem Aufgabenbereich abgelöst.

Noch bedeutender war das Jahr 1969, als nach hunderten von Jahren der Rektor die Alleinherrschaft abgab: Als eine der ersten deutschen Universitäten führte die Ludwig-Maximilians-Universität die kollegiale Verfassung ein. Danach wurde - und wird - nun die Universität von einem fünfköpfigen Kollegium geleitet: dem Rektor, einem Prorektor, zwei Konrektoren und dem Kanzler. Im Kollegium von 1969 war erstmalig, und auch einmalig, ein Vertreter des „Mittelbaus" zu finden: Der Assistent und Kommunikationswissenschaftler Dr. Peter Glotz, welcher allerdings bald in der Politik ein neues Wirkungsfeld fand.

1973 wurde von dem CSU-Landtagsabgeordneten Dr. Schosser der Plan forciert, die Universität München in sieben Einzelhochschulen aufzuteilen, ein Vorhaben, gegen das sich die LMU energisch wehrte, und das glücklicherweise auch nicht weiterverfolgt wurde. Bald darauf, mit dem Inkrafttreten des Bayerischen Hochschulgesetzes von 1974, erlebte die Ludwig-Maximilians-Universität ohnehin die bedeutendste Umstrukturierung in ihrer 500jährigen Geschichte. Die Fakultäten wurden durch 21 Fachbereiche abgelöst, unter deren Dach die einzelnen wissenschaftlichen Einrichtungen - Institute oder Kliniken - unter kollegialer Leitung arbeiteten.

Glücklich wieder aufgebaut: die Hauptfront der Universität.

Rektor Carl Becker bekleidete das Amt 1967/68.

Struktureller Wandel in der Verfassung der Hochschule.

Mit der Besetzung von Fachbereichsräten, Versammlung und Senat durch Vertreter der Professoren, wissenschaftlichen Mitarbeiter und Studenten sowie, in der Gesamtuniversität, auch des übrigen Personals, wurde ein Schritt hin auf die Gruppenuniversität getan.

Die Bezeichnung Fachbereich wurde allerdings bald wieder in den traditionellen Begriff der Fakultät umgewandelt. Die Erziehungswissenschaftliche, als 21. Fakultät, wurde als Einheit aufgelöst und auf die übrigen aufgeteilt. 1976 änderte sich, auch infolge des Hochschulgesetzes, wieder die Konstruktion des leitenden Universitätskollegiums: Aus dem Rektor wurde ein Präsident mit sechsjähriger Amtszeit, aus Pro- und Konrektoren drei Vizepräsidenten. Mit dem Kanzler waren es ihrer wieder fünf.

Der Wechsel zur Präsidialverfassung bedeutete nicht einfach ein neues Etikett. Bedeutsam dabei war vielmehr, daß das Präsidentenamt nicht an die Stellung eines Professors dieser Hochschule gebunden war, es konnten auch Personen außerhalb der Universität gewählt werden. Neuer Präsident wurde zwar der seit 1971 amtierende alte Rektor, Professor Nikolaus Lobkowicz. Seine beiden Gegenkandidaten, ein Diplomingenieur und ein Rechtsanwalt, vermittelten dagegen ein bisher ungewohntes Bild vom obersten Amt einer Universität. Lobkowicz' Ablösung war allerdings wieder ein Lehrer dieser Universität: 1982 übernahm von ihm Professor Wulf Steinmann das Amt. 1990 machte es eine Novelle des bayerischen Hochschulgesetzes möglich, daß von der Präsidial- wieder zur Rektoratsverfassung zurückgekehrt werden konnte. Danach wird wieder für vier Jahre ein Rektor, welcher Professor der Universität sein muß, gewählt. Mit ihm und dem Kanzler bilden drei Prorektoren mit jeweils zwei Jahren Amtszeit das Rektoratskollegium.

1974 ging der Universität München übrigens noch eine andere ihrer lang bewahrten Traditionen verloren, allerdings völlig freiwillig: Sie erachtete es als nicht mehr zeitgemäß, die ihr noch aus den Ingolstädter und Landshuter Dotationen verbliebenen Präsentationsrechte für die Besetzung verschiedener Pfarreien auszuüben und gab diese an die jeweiligen Diözesen zurück. Den Universitätswald bei Landshut besitzt sie allerdings immer noch.

Nikolaus Lobkowicz wurde erster Präsident der LMU.

Standard in der Fortbewegung von Studenten: der Drahtesel.

Kommunikation und Konzentration vor den Seminarräumen.

Aktuelle Akzente bei Gründung und Gliederung der Fakultäten.

Auch in den „Gliedern" der Universität rührte sich der Geist der Veränderung. 1966 hatten sich die 14 Physik-Lehrstühle der Naturwissenschaftlichen Fakultät als „Sektion Physik" zu einer organisatorischen Einheit zusammengeschlossen, um eine bessere Nutzung ihrer Ressourcen zu erzielen. 1967 konstituierte sich die evangelisch-theologische Fakultät der LMU und nahm 1968 ihren Lehrbetrieb auf. Sie war neben jener in Erlangen nun die zweite ihrer Art in Bayern und sollte u.a. den veränderten konfessionellen Strukturen im oberbayerischen Raum sowie den Verlusten der evangelisch-theologischen Ausbildungsstätten im Osten Deutschlands Rechnung tragen.

1969 wurde die Philosophische Fakultät in zwei Fakultäten geteilt, 1970 die Ausgliederung der Forstwissenschaften aus der Staatswirtschaftlichen Fakultät als selbständige Fakultät beschlossen und 1971 die Teilung der Naturwissenschaftlichen Fakultät in fünf selbständige Fakultäten für Physik, Mathematik, Chemie und Pharmazie, Biologie sowie Geowissenschaften vollzogen.

Der vom Kultusministerium beabsichtigten Anbindung der neugegründeten Münchener Hochschule für Politik als eine „institutionell selbständige Einrichtung der Universität" war der Senat allerdings ablehnend gegenüber gestanden, da diese Konstruktion eine Sonderstellung der Politikhochschule innerhalb der Gesamtuniversität bedeutet hätte. Doch setzte sich hier letztendlich das Ministerium mit seinen Vorstellungen durch.

Befürwortend standen dagegen alle Beteiligten einer Angliederung der Pädagogischen Hochschule München-Pasing gegenüber, obwohl diese bald zum Zankapfel zwischen Universität und Ministerium geriet: Die PH sollte als eigene Fakultät geschlossen der LMU angehängt werden, was aus Sicht der Universität, ähnlich wie im Fall der Politikhochschule, zu einer Sonderstellung innerhalb der Gesamtuniversität geführt und die Durchführung der integrierten Lehrerbildung erschwert hätte. Auch hier mußte sich die Universität Kompromissen beugen. So erfolgte per Gesetz vom 25.7.1972 die Integration der Pädagogischen Hochschule zunächst geschlossen als Erziehungswissenschaftliche Fakultät.

ZHS-Hefte, die informativen Medien des Hochschulsports.

Nach diesen Wachstums- und Integrationsprozessen der vergangenen Jahre umfaßte die Münchener Universität am Vorabend des Bayerischen Hochschulgesetzes 15 Fakultäten. Mit 28.500 Studenten war sie, in Konkurrenz zur FU Berlin, die größte deutsche Universität und mit insgesamt 9.255 Beschäftigten - vom Professor bis zum Hörsaaldiener - immerhin der sechstgrößte Arbeitgeber in München.

Die Olympiade 1972: Katalysator und Konkurrenz.

Offensichtlich also im besten Alter beging 1972 die Ludwig-Maximilians-Universität ihren 500. Geburtstag, fast zeitgleich fanden in München die Olympischen Sommerspiele statt. Grund genug für Stadt und Universität, kräftig zu feiern. Wie ehedem verlieh die Universität gerade bei diesem hohen Anlaß wieder die Ehrensenatorenwürde oder die 1971 neu geschaffene Ehrenmedaille.

Der Universität verschaffte die Olympiade zunächst so manches Zuckerl. Mit der U-Bahn konnte man nun direkt das Hauptgebäude erreichen, nach dem Abzug der Athleten wurde ein Teil des Olympischen Dorfes zur zweiten Studentenstadt, und die Sportanlagen bilden heute noch für alle Münchener Hochschulen das Rückgrat des Hochschulsports. Dafür mußte die Gelehrsamkeit dem Sport ein Prestige-Opfer bringen: Die Ludwig-Maximilians-Universität wurde nie, wie all ihre bedeutenden Schwestern in Deutschland, mit einer Sonderbriefmarke geehrt. Mit den Ausgaben zur Olympiade sei München ohnehin genug bedacht worden, verlautete es lakonisch aus dem Bundespostministerium.

Die Kehrseite der Olympischen Medaille: Der olympische Preisboom ebenso wie eine neue Sensibilität der Bürger für Veränderungen in ihrer Kommune brachten die Universität in neue Zwänge. Abgesehen davon, daß sie von manchen Gemütern mißtrauisch als gefährlicher Unruheherd und Quell revolutionärer Machenschaften beäugt wurde (das Motiv ist so alt wie die Geschichte der Universitäten selbst), so warf man ihr in den letzten Jahren vor allem einen scheinbar ungezügelten Expansionsdrang vor.

Gerade in ihrem angestammten Viertel, der Maxvorstadt, welche die Universität seit 1840 entscheidend mitgeprägt hatte, war sie längst kein gerngesehener Nachbar mehr. Das zeigten die über den Neubaukomplex von Studentenhaus und Mensa im Leopoldpark ebenso wie die in der jüngsten Vergangenheit geführten Auseinandersetzungen um den Historikerneubau oder das „Arnold-Sommerfeld-Haus" des Internationalen Begegnungszentrums in unmittelbarer Nähe des Hauptgebäudes. Andererseits drohen seither Hochsanierungen, Mietpreisexplosion und Immobilienspekulation nicht nur der Universität selbst, sondern vor allem ihren Studenten und Bediensteten den Lebensnerv abzuschnüren. Es ist eng geworden in der Maxvorstadt.

Mitten in der Phase des Wachstums gehen Bürger auf kritische Distanz.

Nicht unumstritten: Neubau der Universitätsmensa.

Mit der Entwicklung der Stadt stiegen die Mieten: ein Problem für viele Studenten.

Erfolg kann zur Last werden: die Universität in akuter Platznot.

Kein Patentrezept, aber immerhin eine deutliche Entlastung: die „Auslagerung" von Fakultäten.

Das Dilemma der Universität war bei ihrer Wiedereröffnung 1946 in diesem Ausmaß sicher nicht vorhersehbar, aber doch schon vorprogrammiert. Eine Entlastung der Medizinischen Fakultät im Innenstadtbereich war mit dem Bau des Klinikums Großhadern rechtzeitig in Angriff genommen worden. Das 725-Millionen-Objekt wurde mit seinen ersten fertiggestellten Bauabschnitten 1974 an die Universität München übergeben und hat dazu beigetragen, daß die Medizinische Fakultät heute in der Forschung, wie kürzlich vom Wissenschaftsrat bestätigt, international einen hervorragenden Rang einnimmt.

Arbeit im Chemielabor für die praktische Forschung.

Jedes Semester auf's Neue: Schlangestehen für die Immatrikulation.

Einigen anderen platzintensiven Bereichen der Universität war ebenfalls die Flucht aus der Enge des Stadtkerns gelungen: 1972 wurde das mit der Technischen Universität zusammen erbaute Beschleunigerlabor der Sektion Physik in Garching eröffnet; jüngere Beispiele sind der 1992 erfolgte Umzug der Forstwissenschaftlichen Fakultät nach Weihenstephan oder das 1994 eingeweihte Genzentrum in der Nachbarschaft des Klinikums Großhadern.
Das Genzentrum steht übrigens nur am Beginn eines weiteren Exodus, denn die Fakultät für Chemie und Pharmazie wird bald sein engster Nachbar werden. Auf dem ursprünglich für deren Erweiterung vorgesehenen Gelände in der Innenstadt wird dagegen die Kunst regieren: Die „Dritte Pinakothek" soll hier entstehen. Auch die Tiermediziner treibt es ins Grüne: Für diese soll in Oberschleißheim im Norden Münchens ein kompletter neuer Fakultätscampus errichtet werden.

Hubschrauberlandeplatz am Klinikum Großhadern.

Eingangsbereich des Krankenhauses.

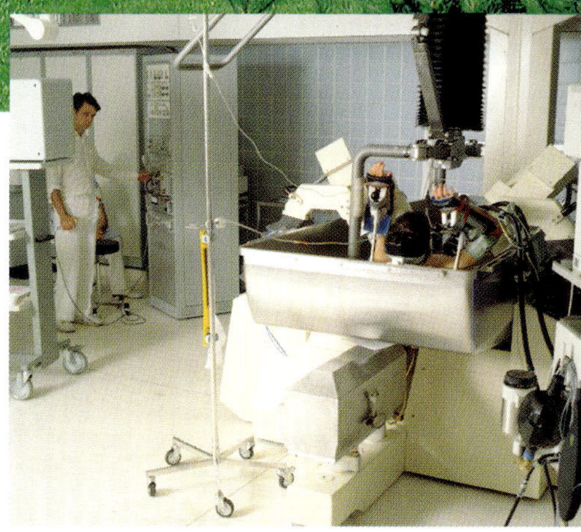

München Großhadern: Hort weltweit führender medizinischer Forschung.

Jahresetat der Universität einschließlich ihrer Kliniken: 1,7 Milliarden Mark.

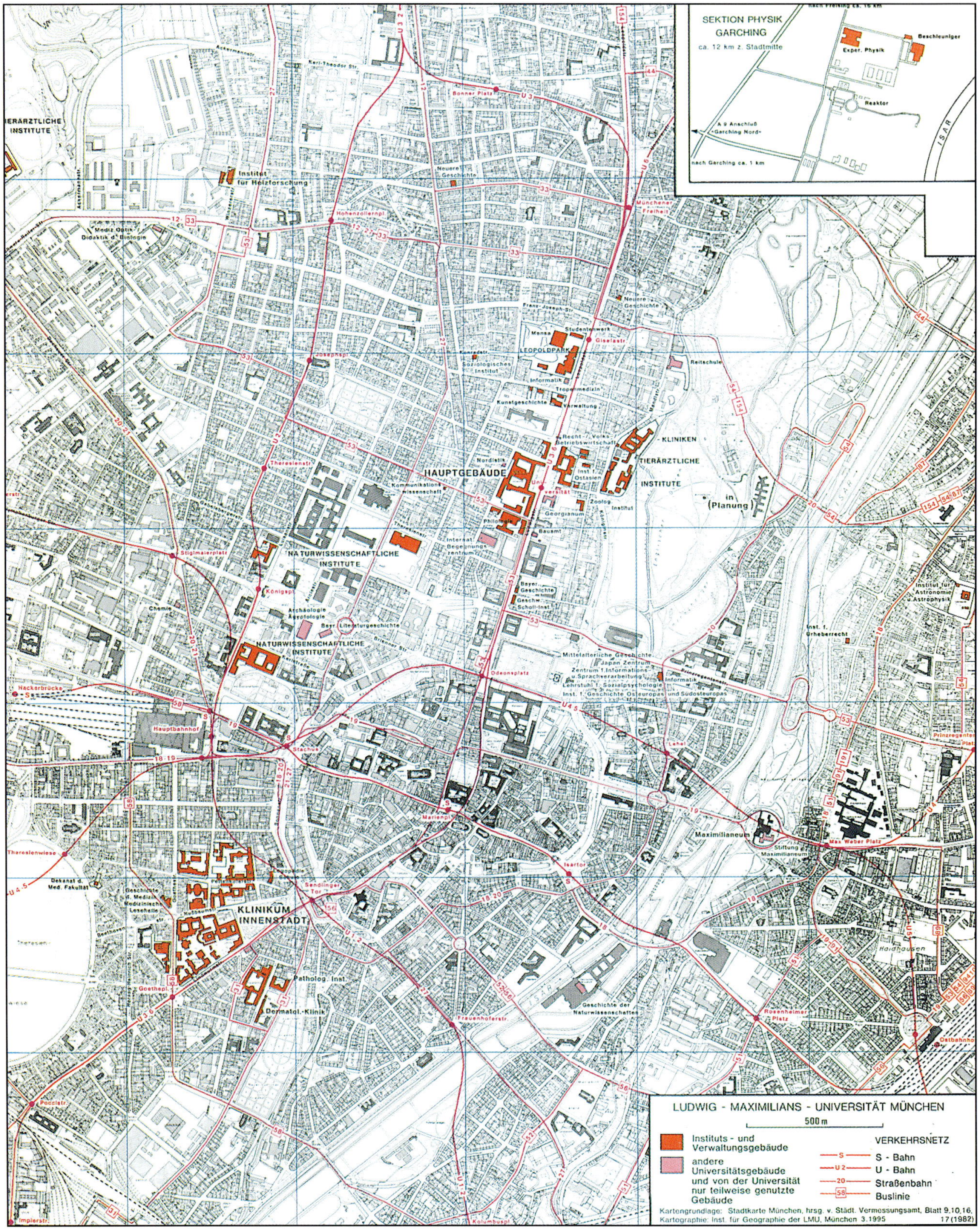
SEKTION PHYSIK
GARCHING
ca. 12 km z. Stadtmitte
Exper. Physik
Beschleuniger
Reaktor
ISAR
HAUPTGEBÄUDE
NATURWISSENSCHAFTLICHE INSTITUTE
TIERÄRZTLICHE INSTITUTE
KLINIKUM INNENSTADT
LEOPOLDPARK
Hauptbahnhof
Odeonsplatz
Marienpl.
Maximilianeum
LUDWIG - MAXIMILIANS - UNIVERSITÄT MÜNCHEN
500 m
Instituts - und Verwaltungsgebäude
andere Universitätsgebäude und von der Universität nur teilweise genutzte Gebäude
VERKEHRSNETZ
S - Bahn
U - Bahn
Straßenbahn
Buslinie
Kartengrundlage: Stadtkarte München, hrsg. v. Städt. Vermessungsamt, Blatt 9,10,16, 17 (1982)
Kartographie: Inst. für Geographie der LMU, München 3.1995

Neubauten und Umzüge, wo der Bedarf am größten ist.

Immer noch in großer Bedrängnis befinden sich dagegen viele geisteswissenschaftliche Einrichtungen, welche auf die großen Bibliotheken und somit auf eine Unterbringung im Stadtbereich angewiesen sind. Die Raumnot kann nur durch Anmietungen der Universität gelindert werden, welche seit Jahren nicht nur ungeheure Summen verschlingen, sondern auch durch die Zerstreuung der Institute und Lehrstühle über das gesamte Stadtgebiet Studium, Lehre und Forschung oft unerträglich erschweren.

Manche Fakultäten sind so förmlich „atomisiert" worden und in ihrer Einheit kaum noch wiederzufinden. Für die Bereiche der Pädagogik und der Psychologie konnte neben der Mensa 1986 ein neues Gebäude in zentraler Lage geschaffen werden. Die Historiker dagegen warten schon seit Jahren auf ein ähnliches Glücksgefühl: Der ihnen zugedachte Neubau ist jahrelang in den Diskussionen zwischen Parteien, Bürgern und Verwaltungen – und in der Finanzmisere des bundesdeutschen Hochschulbaues – steckengeblieben und wird so wohl erst nach der Jahrtausendwende Realität werden.

Als Lottovolltreffer empfand dagegen der Kanzler der Universität am 30. Juni 1995 die Übergabe des weitläufigen, zentral im Englischen Garten situierten Gebäudekomplexes

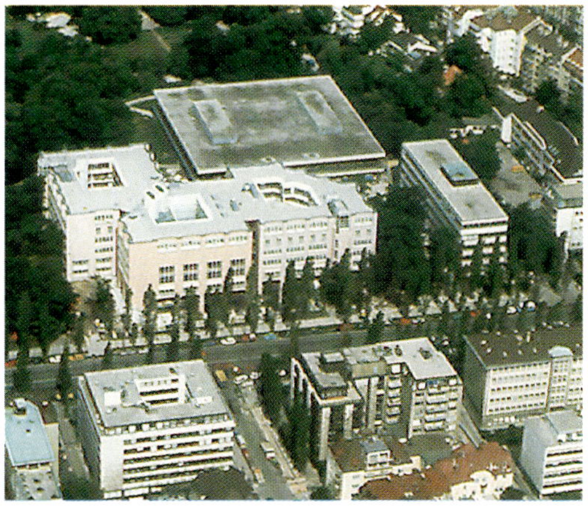

Luftiger Blick auf die Gebäude der geisteswissenschaftlichen Institute in der Leopoldstraße 13.

von Radio Free Europe an die Universität: Die durch den Umzug des berühmt gewordenen Nachkriegssenders nach Prag freigewordenen Baulichkeiten waren von den Amerikanern an den Freistaat Bayern zurückgegeben worden, welcher sie glücklicherweise der Universität weitervermachte. Eine ganze Reihe vor allem sozial- und geisteswissenschaftlicher Institute wird hier in der Nähe des Universitätsstammgeländes eine neue und hoffentlich dauerhafte Heimat finden. U.a. sind dies das Geschwister-Scholl-Institut, die Kommunikationswissenschaften und das Japanzentrum der Universität.

So profitiert die Münchener Universität unmittelbar von der Umgestaltung der Welt in diesen Jahren.

In aller Regel gut besucht: der Zeitungslesesaal.

Skulptur vor der Mensa.

Studium heute: viel Bildung und viele Probleme.

Dilemma mit besonderer Note: Hier die Vielfalt der Lehre - dort die Behinderungen im praktischen Leben.

Eine „Vergnügungsuniversität", wie sie in den 60er Jahren von manchen Blättern gerne genannt wurde, ist die Ludwig-Maximilians-Universität heute gewiß nicht. Das Freizeitangebot von Stadt und Umland mag vielleicht noch attraktiver geworden sein, die Bedingungen für Studium, Lehre und Forschung an der Universität selbst haben sich wohl eher verschärft. Zwar gibt es längst keine Studiengebühren mehr, aber Zulassungsbeschränkungen, Studienreformen mit neuen Studienzeit- und Prüfungsreglements erleichtern das Leben der Studenten auch nicht gerade. Bei vielen kommt immer noch die

Suche nach Wohnung, Suche nach Arbeit, ein alltägliches Bild.

schwierige Buden- oder Jobsuche dazu in einer Region, die zu den teuersten in Deutschland zählt. Kapazitätsverordnungen und Stellenabbau, ein Wust von Gesetzen und Verordnungen sind die andere Seite. Das sind aber alles keine LMU-spezifischen Probleme, sondern die Sorgen der gesamten deutschen Hochschullandschaft. Allerdings sind manche dieser Probleme bei einer Großuniver-

Universitätsgebäude in der Schellingstraße 3.

sität, wie es die LMU nun einmal ist, besonders stark ausgeprägt. Doch Größe kann auch Vielfalt im besten Sinne bedeuten. Diese Vielfalt - im Lehrangebot wie in den Forschungsleistungen - ist so umfassend, daß sie hier nur angedeutet werden kann.

Die geisteswissenschaftlichen Fächer nehmen an der Universität München einen großen Raum ein, sie decken über die Hälfte des gesamten Lehrangebots ab. Das ist hier gute Tradition, da doch diese Universität bereits seit dem 19. Jahrhundert für ihre bunte Palette an Spezialfächern ebenso bekannt ist wie für die Pflege der philologischen wie naturwissenschaftlichen Studien ganz allgemein. Vielen „Spezialitäten", die man sonst nur noch an wenigen Orten in Deutschland studieren - und lehren - kann, wird hier hoffentlich noch länger eine traditionsreiche Heimat beschieden sein.

Diese Hoffnung besteht, solange noch Studiengänge wie „Buchwissenschaft" angeboten werden oder auch die Türen für in Deutschland bislang unorthodoxe Fächer wie die „Orthodoxe Theologie" geöffnet werden.

Das gesamte Studienangebot, wohl das umfassendste überhaupt an einer Hochschule der Bundesrepublik, wird in jedem Semester in etwa 5.700 Lehrveranstaltungen an den Mann - pardon, auch an die Frau - gebracht. Bei dieser Gelegenheit sei erwähnt, daß über 50% der Studierenden Frauen sind. Im Bereich des hauptberuflichen wissenschaftlichen Personals reduziert sich diese „Quote" bereits auf ein rundes Drittel, dagegen sind nur noch knapp 6% der Professorenschaft weiblich.

Vergangenheit on-line: Die Universitätsbibliothek verfügt über jahrhundertealte Bestände.

Während des Studiums sind die Chancen von Frauen und Männern noch gleich.

Moderne Tendenzen im Studienplan.

Was die Gleichstellung der Frauen im akademischen Bereich angeht, so existiert dieses Problem ja nicht nur an der Münchener Universität. Allerdings wurde 1994 von deren Senat eine „Empfehlung zur Gleichstellung von Frauen und Männern in Studium, Forschung und Lehre" verabschiedet, die in den nächsten Jahren vor allem eine strukturelle Verbesserung der Situation der Frauen bringen soll. „Stieftöchter der Alma mater" hieß übrigens eine Ausstellung, welche die Frauenbeauftragte der Universität 1993/94 veranstaltete, die noch in weiteren Hochschulorten auf Wanderschaft ist und die 90jährige Geschichte des Frauenstudiums in Bayern beleuchtet.

„Frauen-Studien" heißt dagegen eine semesterweise aufgelegte Broschüre, welche seit einigen Jahren zum fächerübergreifenden Studium frauenspezifischer Themata an der LMU auffordert. Das ist weniger als Konkurrenz denn als eine Ergänzung zum fakultätenübergreifenden „Studium generale" gedacht, wie es schon seit 1949 wieder Tradition ist. Spezifisch auf die Kriegs- und unmittelbare Nachkriegsgeneration zugeschnitten ist das seit 1983 aufgelegte Angebot des „Seniorenstudiums", welches vor allem denjenigen nochmals Gelegenheit zu einem Hochschulbesuch bieten soll, die als junge Menschen durch die Nöte des Krieges und der Nachkriegszeit ein ordentliches Studium nicht aufnehmen konnten. Nicht zuletzt soll dies auch das Gespräch der Generationen fördern. Das 1992 gegründete Japan-Zentrum der Universität München soll dagegen vornehmlich Studenten der Rechts- und Wirtschaftswissenschaften in Kultur und Sprache unseres fernöstlichen Handelspartners einführen. Das sei nur als Beispiel erwähnt für die durchaus pragmatischen Bemühungen um die Gestaltung eines modernen Studienangebots.

Die Orientierung auf Leistung macht vor dem Studium nicht halt.

Weniger Politik und dafür mehr Forschung.

Seit den 80er Jahren hat die Hochschulpolitik wieder eine Akzentverschiebung erfahren, die sich auch an der Münchener Universität bemerkbar macht. Das hochschulpolitische Engagement in Studentenschaft und akademischem Mittelbau hat spürbar nachgelassen, was sich u.a. in einer Wahlbeteiligung der Studentenschaft in den letzten Jahren von nur 10-20% ausdrückt. Dafür ist die Hochschulforschung wieder mehr in den Vordergrund gerückt. Die Diskussion um die bundesdeutschen Technologie- und Forschungsdefizite haben breiten Raum eingenommen und erinnern etwas an den „Sputnikschock" der Nachkriegsjahre. Immerhin haben die Wissenschaftler der LMU 1994 für ihre Forschungsvorhaben 137 Millionen Mark an Drittmitteln eingeworben. Mit berücksichtigt sind darin die Leistungen für die an der LMU beheimateten Sonderforschungsbereiche.

Der Gesellschaft der Freunde und Förderer der Universität München, die 1922 in der Hochinflation gegründet wurde und 1948 mit der Währungsreform einen beträchtlichen Verlust ihres Vermögens hinnehmen mußte, kommt gerade in den Jahren besonders knapper staatlicher Mittel bei stetig steigenden Anforderungen an Forschung und Lehre eine besondere Rolle als Finanzier und Nothelfer zu: Fast 12 Millionen Mark wurden von ihr immerhin im Jahre 1994 an Mitteln bereitgestellt. Das Spektrum ihrer Unterstützung geht dabei von Gastvorlesungen über die Restaurierung oder Sicherheitsverfilmung alter Handschriften und Bücher bis hin zu Forschungen etwa über „die Arzneimittelsicherheit in der Psychiatrie".

München selbst ist trotz aller Unbilden der Nachkriegsjahre wieder zu einem bedeutenden Wissenschaftsstandort geworden. Das gibt der LMU Gelegenheit, mit zahlreichen außeruniversitären Forschungseinrichtungen im Großraum München zu kooperieren, beispielsweise mit dem GSF-Forschungszentrum für Umwelt und Gesundheit oder den zwölf hier ansässigen Max-Planck-Instituten.

Das Hauptgebäude der Uni München liegt an der Ludwigstraße, hat jedoch seit 1946 eine eigene Anschrift: Geschwister-Scholl-Platz.

Deutsch-Amerikanisches Partnerunternehmen für Beobachtungen im All.

Mit wissenschaftlicher Kooperation sind auch ferne Ziele leichter zu erreichen.

Natürlich geht wissenschaftliche Kooperation über alle Grenzen hinaus. Am weitreichendsten ist da ohne Zweifel ein Gemeinschaftsprojekt der LMU mit der Universität Göttingen, der Stanford-University und den Staatsuniversitäten von Texas und Pennsylvania: Das hochmoderne Hobby-Eberly-Teleskop, das gerade auf dem Mount Fowlkes errichtet wird, dient dem Griff nach den Sternen.
Die Zusammenarbeit mit naturwissenschaftlich-technischen Einrichtungen ist für die LMU gleichermaßen bedeutend wie die mit geistes- und gesellschaftswissenschaftlichen Institutionen, wie etwa dem Institut für Zeitgeschichte oder dem jüngst errichteten Institut Technik-Theologie-Naturwissenschaften als eine selbständige und der LMU assoziierte Einrichtung. Die Arbeit der Bayerischen Akademie der Wissenschaften oder der Staatlichen Wissenschaftlichen Sammlungen ist ohnehin traditionell untrennbar mit der Geschichte der LMU verwoben, nicht nur über die personellen Verflechtungen. Unter solchen Aspekten mag es kaum verwundern, wenn seit eh und je führende Köpfe deutscher Wissenschaftsorganisationen aus dem Lehrkörper der Universität München kommen, wie etwa die derzeitigen Präsidenten der Max-Planck-Gesellschaft und der Deutschen Forschungsgemeinschaft.

Preise, Stiftungen, Stipendien.

Unmittelbar verknüpft mit der Forderung nach einem hohen Leistungsvermögen der Forschung sind Qualität und Quantität des wissenschaftlichen Nachwuchses. An der LMU sind in den letzten Jahren mehrere Graduiertenkollegs eingerichtet worden, welche die Förderungsmöglichkeiten der staatlichen und wirtschaftsgebundenen Stipendiengeber ergänzen sollen.
Jährlich beim Stiftungsfest vergibt seit 1984 die Universität für besonders herausragende Promotions- und Habilitationsleistungen mehrere Förderpreise im Wert von jeweils 5.000 bzw. 10.000 Mark. Zu diesen von der Universitätsgesellschaft gestifteten Preisen ist erstmals 1993 auch einer der Landeshauptstadt München getreten. Ebenfalls von der Universität wird alljährlich der Felix-Wankel-Tierschutz-Forschungspreis vergeben. In- und ausländische Preise und Ehrungen - als gleichermaßen begehrte wie prestigeträchtige Gradmesser wissenschaftlicher Leistungen - wurden in den beiden akademischen Jahren von 1991 bis 1993 280 Mitgliedern der Münchener Universität zuteil.

Gesellschaftliches Leben in den Mauern der Alma mater: Universitätsfest im Lichthof.

Preisverdächtig gut: Akademische Ausnahmeleistungen werden geehrt.

Förderung an der Wurzel des akademischen Nachwuchses betreibt dagegen die Maximilianeums-Stiftung. Nach dem Ende der bayerischen Monarchie 1918 war das Protektorat über diese entgegen dem Willen des Stifters von der bayerischen Staatsregierung übernommen worden. 1955 endlich, nach Verhandlungen seit 1926, ging dieses an die Universität München über. Ein ganz neues Zeitalter brach für die Stiftung 1980 an, als durch eine Wittelsbacher Zustiftung auch „weiblichen Studierenden" der Zugang zu dieser Hochbegabten-Stiftung ermöglicht wurde.

Altersbeweise - ob fürstlicher Häuser oder gelehrter Institutionen - sind seit jeher ein beliebter Nachweis für Würde und Wert. Auch hier kann die Universität mit ihrer über 500jährigen Geschichte durchaus mithalten. Das 1994 gefeierte 500jährige Jubiläum des Georgianums - das damit das zweitälteste Priesterseminar der Welt ist - kann als weiteres schlagkräftiges Beispiel genannt werden. Für die jüngeren Wissenschaften, die in München Institution geworden sind, dürfen wohl auch die weniger großen Jubeldaten der letzten Jahre gelten, als da z.B. wären: 100 Jahre Physik, 100 Jahre Pharmakologie und Toxikologie, 100 Jahre Musikwissenschaft, 90 Jahre Psychiatrie, 70 Jahre Kommunikationswissenschaft - usw.

Das Maximilianeum, Sitz der gleichnamigen Stiftung. Der Landtag ist hier eigentlich nur Gast.

Panorama brillanter Intelligenz: Nobelpreisträger an der Universität München.

Wilhelm Wien
(1864 - 1928)
Physik, 1911

Max von Laue
(1879 - 1960)
Physik, 1914

Wilhelm Conrad Röntgen (1845 -1923)
Physik ,1901

Adolf von Baeyer
(1835 - 1917)
Chemie, 1905

Werner Heisenberg
(1901 - 1976)
Physik, 1932

Adolf Butenandt
(1903-1995)
Chemie, 1939

Richard Willstätter
(1872 - 1942)
Chemie, 1915

Heinrich Wieland
(1877 - 1957)
Chemie, 1927

Konrad Lorenz
(1903 - 1989)
Medizin, 1973

Gerd Binnig
(1947)
Physik, 1986

Feodor Lynen
(1911 - 1979)
Medizin, 1964

Karl von Frisch
(1886 - 1982)
Medizin, 1973

Die Hochschule heute: Großbetrieb mit beeindruckenden Zahlen.

Im Jahre 1994 fand nach 27 Jahren an der Ludwig-Maximilians-Universität erstmals wieder eine feierliche Rektoratsübergabe statt. Nachdem 1967 die Feier gestört worden war, hatten alle nachfolgenden Rektoren lieber darauf verzichtet; nun scheint das Klima wieder besser zu sein für traditionelle Selbstdarstellungen einer alten Universität. Vielleicht können dann auch bald wieder die Bronzebüsten manch berühmter Forscher und Gelehrter dieser Alma mater aus ihrer Verbannung zurückkehren. Während der Studentenunruhen wurden sie von ihren angestammten Plätzen auf den Wandsockeln im Lichthof des Hauptgebäudes entfernt.

Seit 1994 Rektor der größten deutschen Hochschule: der Jurist Andreas Heldrich.

In manchen Bereichen herrscht immer noch eklatanter Raummangel.

1994 also übergab Altrektor Wulf Steinmann an seinen Nachfolger Andreas Heldrich die größte Universität Deutschlands; auch nach der Wende ist sie es geblieben, selbst wenn Berlin ein harter Konkurrent ist. Den Umfang dieses Großbetriebes mögen einige Zahlen illustrieren: Rund 60.000 Studenten, 800 Professoren, weitere 5.800 wissenschaftliche Mitarbeiter und ca 8.300 Mitarbeiter in Verwaltung, Kliniken, Labors, Werkstätten oder Bibliotheken bevölkern mehr als 400.000 Quadratmeter Nutzfläche. Lehre und Forschung spielen sich in 20 Fakultäten mit 160 wissenschaftlichen Einrichtungen ab, die Universitätsbibliothek stellt dazu ihre 2,3 Millionen Bände zur Verfügung. Daneben existieren noch 197 „dezentrale" Bibliotheken, also die in der Struktur einer alten Universität so wichtigen und traditionellen Seminar- und Institutsbibliotheken. Diese können insgesamt weitere 3,5 Millionen Bücher bereitstellen!

Zulauf ungebrochen: 1983 begrüßte Altrektor Wulf Steinmann die 50.000ste Studentin.

In überfüllten Räumen ist die Individualisierung der Lehre zunehmend schwieriger geworden.

Wenn man einmal von den beiden theologischen Fakultäten absieht, so geht bei allen anderen die Zahl der Studenten in die Tausende. Die meisten von ihnen haben damit eine Größe erreicht, welche manche der neuen bayerischen Nachkriegsuniversitäten insgesamt bemißt. Mit rund 6.200 Studenten, 1.600 Stellen für wissenschaftliches Personal und 5.800 Stellen für hauptamtliche Mitarbeiter in Pflege, Technik und Verwaltung, mit ihren fast 50 Kliniken bzw. klinischen Einrichtungen in der Innenstadt und in Großhadern sowie ihren weiteren zahlreichen wissenschaftlichen Instituten ist die Medizinische Fakultät Spitzenreiter. Solch ein Komplex entzieht sich hier ohnehin einer detaillierteren Betrachtung und führt auch inneruniversitär ein entsprechendes Eigenleben.

Gut für freie Köpfe: wissenschaftliche Lehre im Grünen.

Studium mit vielen Facetten: Das Leben an der Universität bietet viele Möglichkeiten der Entfaltung.

Die Erprobung der medizinischen Praxis erfolgt direkt am Krankenbett.

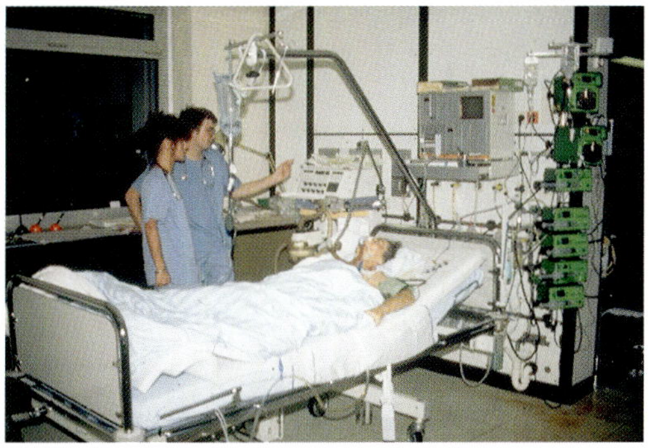

Moment der Stille in einem leeren Hörsaal.

Feierlichkeiten stärken den zwanglosen Gedankenaustausch.

Moderne EDV-Technik erleichtert auch die Arbeit des Geistes.

Wichtig wie eh und je: das Gefühl für Zusammengehörigkeit.

Eine Hochschule derartigen Umfangs erfordert nicht nur von ihrer Verwaltung und Regierbarkeit her große Anstrengungen. Es scheint auch schier unmöglich zu sein, bei dieser Größe noch so etwas wie ein Gemeinschaftsgefühl aller Angehörigen zu erzeugen. Die Universität als Ganzes ist kaum noch erahnbar. Das mag wohl für die Arbeit der einzelnen Einrichtungen nicht direkt erforderlich sein, ein gemeinsames Bewußtsein ist aber da nötig, wo es um die Vertretung gemeinsamer Interessen und Ziele nach außen hin geht, wo aber auch innerbetriebliche Reibungsverluste vermieden werden sollten.

Unter diesen Aspekten ist die Wiederbelebung alter Traditionen wie die einer feierlichen Rektoratsübergabe, des jährlichen Stiftungsfestes, des Wiedererscheinens einer Universitätschronik oder semesterlicher Promotionsfeiern nicht unbedingt ein alter Zopf oder der Muff von tausend Jahren.

Studium heute: Konzentration in eigener Verantwortung.

Akademische Feierlichkeiten sind Kristallisationspunkte für die Identität der Hochschule.

Übergabe des Rektoramtes, eine Tradition über Jahrhunderte: Pressefoto von 1994 und Buchmalerei von 1590.

Die Ludwig-Maximilians-Universität

1472 von Herzog Ludwig dem Reichen in Ingolstadt als bayerische Landesuniversität gegründet,
1800 unter Kurfürst Maximilian IV. Joseph (ab 1806 König Maximilian I. von Bayern) nach Landshut verlegt,und
1826 durch König Ludwig I. von Bayern in München angesiedelt.
1802 erhielt die LMU ihren heutigen Namen nach ihrem Gründer Herzog Ludwig und ihrem Förderer König Maximilian I.
Derzeit ist die LMU neben den Universitäten in Berlin und Köln die größte wissenschaftliche Hochschule Deutschlands.

Anschrift:
Ludwig-Maximilians-Universität München
Geschwister-Scholl-Platz 1
D-80539 München
Germany
Telefon (0 89) 21 80-0
Telefax (0 89) 21 80-23 22
Telex 5 298 60

Zentrale Universitätsverwaltung:
Leopoldstraße 3
80802 München

Hendrik Rust
Kanzler

Die Struktur der LMU

Die Ludwig-Maximilians-Universität München ist eine Körperschaft des öffentlichen Rechts mit dem Recht der Selbstverwaltung im Rahmen der Gesetze. Sie ist zugleich eine staatliche Einrichtung. Sie gliedert sich in Fakultäten, die sich wiederum in wissenschaftliche Einrichtungen und Betriebseinheiten (Institute und Kliniken) untergliedern, und in den Zentralbereich. *(Aus § 1 der Grundordnung der Ludwig-Maximilians-Universität, Fassung vom 4. 4. 1990)*

Ihre zentralen Organe:

Die Universität wird von einem Rektoratskollegium geleitet. Dieses besteht aus dem für 4 Jahre gewählten Rektor als Vorsitzendem, aus drei für 2 Jahre gewählten Prorektoren, und dem Kanzler als Leiter der Zentralen Universitätsverwaltung.

Der Senat setzt sich zusammen aus dem Rektoratskollegium und den Dekanen sowie aus weiteren Vertretern der Professoren, wissenschaftlichen Mitarbeiter, Studenten und sonstigen Mitarbeiter, sowie der Frauenbeauftragten. Der Senat ist wichtigstes beschlußfassendes Organ, v.a. in Berufungs-, Prüfungs- und Studienfragen der Gesamtuniversität.

Die Versammlung setzt sich zusammen aus dem Rektoratskollegium, aus bis zu 66 weiteren Vertretern der Professoren, wissenschaftlichen Mitarbeiter, Studenten und sonstigen Mitarbeiter sowie der Frauenbeauftragten. Die Versammlung wählt die Rektoren und Prorektoren und beschließt die Grundordnung.

Die Studenten entsenden ihre gewählten Vertreter in die Kollegialorgane, wählen den studentsichen Konvent und Sprecherrat und in den Fakultäten die Fachbereichsvertreter mit ihren Sprechern.

Neben dem Konvent der wissenschaftlichen Mitarbeiter und den zwei Ständigen Kommissionen für Hochschulplanung sowie für Haushalts-, Raum- und Bauangelegenheiten beraten und entscheiden noch weitere Gremien in zahlreichen Einzelfragen des Universitätslebens.

Die Universität kann verdiente Persönlichkeiten zu Ehrensenatoren und Ehrenbürgern der LMU ernennen.

Neben den Leitungsgremien und Kommissionen sowie der Zentralen Universitätsverwaltung bestehen noch folgende wissenschaftliche Zentraleinrichtungen der LMU:

- Beschleunigerlabor der LMU und der TU München
- Centrum für Informations- und Sprachverarbeitung (CIS)
- Japanzentrum der LMU
- Genzentrum der LMU
- Universitätsbibliothek
- Universitätsarchiv

Mit zahlreichen weiteren wissenschaftlichen Einrichtungen und Sammlungen im Großraum München bestehen Kooperationsabkommen.

Die Fakultäten:

Die Fakultäten regeln ihre Angelegenheiten weitgehend in eigener Verantwortung, dazu gehören v.a. Berufungsvorschläge und Habilitationen. Prüfungsangelegenheiten werden von den Prüfungsämtern und Promotionsausschüssen der Fakultäten geregelt.
Aus der Reihe der Professoren werden vom Fachbereichsrat für 2 Jahre ein Dekan und ein Prodekan als sein Stellvertreter gewählt. Der Fachbereichsrat setzt sich aus gewählten Vertretern aus den Gruppen der Professoren, wissenschaftlichen Mitarbeiter, Studenten und sonstigen Mitarbeiter sowie der Frauenbeauftragten der Fakultät zusammen.

War die LMU 1946 mit 7 Fakultäten wiedereröffnet worden, so umfaßt sie heute auf der Grundlage der Novelle des Bayerischen Hochschulgesetzes von 1978 folgende 20 Fakultäten
(in Klammern die Studentenzahlen von 1994/95):

1	Katholisch-theologische Fakultät	(870)
2	Evangelisch-theologische Fakultät	(400)
3	Juristische Fakultät	(5200)
4	Fakultät für Betriebswirtschaft	(3880)
5	Volkswirtschaftliche Fakultät	(980)
6	Forstwissenschaftliche Fakultät	(480)
7	Medizinische Fakultät	(6200)
8	Tierärztliche Fakultät	(1920)
9	Philosophische Fakultät für Geschichts- und Kunstwissenschaften	(4600)
10	Fakultät für Philosophie, Wissenschaftstheorie und Statistik	(5940)
11	Fakultät für Psychologie und Pädagogik	(4000)
12	Philosophische Fakultät für Altertumskunde und Kulturwissenschaften	(3540)
13	Philosophische Fakultät für Sprach- und Literaturwissenschaft I	(3560)
14	Philosophische Fakultät für Sprach- und Literaturwissenschaft II	(5300)
15	Sozialwissenschaftliche Fakultät	(5500)
16	Fakultät für Mathematik	(1770)
17	Fakultät für Physik	(1490)
18	Fakultät für Chemie und Pharmazie	(1800)
19	Fakultät für Biologie	(1740)
20	Fakultät für Geowissenschaften	(1170)

Zahlen aus dem Studienjahr 1994/95:

Personal:
800 Professoren
5800 wissenschaftliche Mitarbeiter
8300 sonstige Mitarbeiter

Haushalt:
1,76 Milliarden DM Staatshaushalt (einschließlich der Kliniken, welche allerdings wieder ca. 800 Millionen erwirtschaften)
1,3 Millionen DM Körperschaftshaushalt (aus dem Eigenvermögen der Universität, Stiftungen etc.)
138 Millionen DM Drittmittel

Studium:
In rund 100 möglichen Studienfächern wurden 1994/95 abgelegt:
2700 Staatsexamen
1600 Diplomprüfungen
1100 Magisterprüfungen
1400 Promotionen
100 Habilitationen

Bücher:
5,8 Millionen Bücher stehen in der Zentralen Universitätsbibliothek (mit 2,3 Mio. Bänden) und den 197 Teilbibliotheken der Institute und Kliniken zur Verfügung.

Münchener Universitätsgesellschaft e.V.:
Die Gesellschaft von Freunden und Förderern der Universität München unterstützt mit den freien Spenden und Beiträgen ihrer Mitglieder Forschung und Lehre an der Ludwig-Maximilians-Universität. Im Jahr 1994 konnten dafür von der Gesellschaft 12 Millionen DM aufgebracht werden.

Studierende:
60320 Studenten insgesamt, davon 31231 weibliche Studierende (=51,8%)
4700 ausländische Studierende.

Partnerschaften:
Derzeit unterhält die LMU Partnerschaften mit rund 70 ausländischen Hochschulen.

Anschrift:
Münchener Universitätsgesellschaft e.V.
Königinstraße 107
D-80802 München
Telefon (0 89) 38 91-22 29

Bayerische Akademie der Wissenschaften, München: *24, 37, 54, 55, 60, 66, 70, 78, 81, 82, 84, 101, 109, 121*

Bayerisches Nationalmuseum: *19*

Bayerische Staatsbibliothek: *17, 31, 33, 35, 36, 37, 40, 42, 43, 48, 54, 56, 65, 67, 68, 69, 71, 76, 92, 100, 101, 106, 110, 111, 115, 125, 130, 132, 135, 136, 138, 141*

Bayerische Staatsgemäldesammlung: *49*

Diözesanarchiv: *6*

Klinikum Großhadern: *145*

Landesamt für Denkmalpflege: *20, 21, 61, 62*

LMU-Pressestelle: *3, 5, 77, 118, 119, 127, 129, 131, 132, 133, 134, 136, 140, 144, 146, 148, 150, 152, 153, 154, 156, 157, 158, 159*

Ludwig Maximilians-Universität München: *19, 22, 77, 87*

Monacensia: *81*

Münzkabinett Funk: *39*

Münchener Stadtmuseum: *5, 31, 40, 51, 54, 55, 56, 61, 54, 65, 66, 67, 68, 71, 118, 126*

Paläontologisches Museum München: *49*

Sportzentrum der Technischen Universität: *142*

Staatliche Graphische Sammlung, München: *7, 8, 9, 20, 50*

Staatliche Münzsammlung: *10*

Stadtarchiv Ingolstadt: *6, 10, 13, 15, 16, 17, 18, 20, 21, 23, 24, 26, 30, 31*

Stadtarchiv München: *5, 79, 94, 101, 105, 110, 111, 113, 116, 120, 121, 124*

Süddeutscher Verlag: *90, 93, 99, 108, 109, 113, 114, 126, 133, 139, 143, 154*

Universitäts-Bauamt: *147*

Universitätsarchiv München: *6, 7, 8, 11, 12, 13, 14, 18, 29, 31, 32, 34, 36, 37, 38, 41, 44, 45, 56, 47, 48, 51, 52, 53, 54, 55, 58, 59, 60, 63, 64, 66, 67, 69, 70, 71, 72, 73, 78, 80, 81, 89, 85, 87, 88, 90, 91, 92, 94, 97, 98, 99, 100, 102, 103, 104, 105, 107, 108, 111, 113, 114, 115, 116, 123, 124, 126, 128, 129, 130, 131, 134, 136, 137, 138, 139, 141, 143, 151*

Universitätsbibliothek München: *16, 24, 27, 28*

Verlag Lutz Garnies: *7, 17, 20, 43, 45, 48, 52, 53, 54, 55, 56, 59, 63, 66, 67, 68, 69, 70, 71, 72, 73, 81, 88, 91, 98*

Weiße Rose Stiftung e.V.: *110*

Aus Büchern/Sammlungen entnommen:

Bleibrunner, H.: Niederbayern Band II, Landshut 1982 *4, 34*

Bußmann, H.: Stieftöchter der Alma Mater *90, 112*

Deutsches Museum: Wissenschaftliches Jahrbuch 1990 *68*

Driesch, A.: 200 Jahre tierärztliche Lehre *86, 87*

Droisch, H. von: Wir schweigen nicht *114*

Freher, P.: Theatrum virorum eruditorum clarorum, 1688 *3, 16*

Hertling, Georg: Erinnerungen aus meinem Leben *82*

Kaufmann, F.: Geschichte des Corps Isaria Landshut-München *34, 42*

Mantel, Woolfgang: Coburg-Photosammlung *85*

Münchner Stadtbilderbuch: *62, 74, 115, 152*

Petry, Ch.: Studenten aufs Schafott *114*

Prandtl, W.: Die Geschichte des chemischen Labors *103, 109*

Reicke, E.: Der Gelehrte in der deutschen Vergangenheit 1900 *15*

Schmid, A.: Geschichte des Georgianums in München, Regensburg 1894 *38*

Schrank, F.: Kurt Eisner *95*

Schricker, R.: Rotmord über München *96, 97*

Technik und Kultur, Band 4: *60*

Thorwald, J.: Das Weltreich der Chirurgen *100*

Wolf, Georg: Ein Jahrhundert München *51*

Zils, W.: Geistiges und künstlerisches München *90*